高职院校航空服务类专业规划教材

U0909408

客舱设备运行与管理

主编◎刘存绪　唐健禾　辜英智

编著◎陈璇竹　全　瑜　蒲华略

四川大学出版社

项目策划：何　静　王　静
责任编辑：李施余　王　静
责任校对：于　俊
封面设计：墨创文化
责任印制：王　炜

图书在版编目（CIP）数据

客舱设备运行与管理 / 陈璇竹，全瑜，蒲华略编著. — 成都 : 四川大学出版社，2020.12

高职院校航空服务类专业规划教材 / 刘存绪，唐健禾，辜英智主编

ISBN 978-7-5690-4373-0

Ⅰ. ①客… Ⅱ. ①陈… ②全… ③蒲… Ⅲ. ①民用飞机－客舱－设备管理－高等职业教育－教材 Ⅳ. ①F560.82

中国版本图书馆 CIP 数据核字（2021）第 013615 号

书名　客舱设备运行与管理

主　　编	刘存绪　唐健禾　辜英智
编　　著	陈璇竹　全　瑜　蒲华略
出　　版	四川大学出版社
地　　址	成都市一环路南一段 24 号（610065）
发　　行	四川大学出版社
书　　号	ISBN 978-7-5690-4373-0
印前制作	四川胜翔数码印务设计有限公司
印　　刷	郫县犀浦印刷厂
成品尺寸	185mm×260mm
印　　张	11.75
字　　数	191 千字
版　　次	2021 年 3 月第 1 版
印　　次	2021 年 3 月第 1 次印刷
定　　价	48.00 元

版权所有 ◆ 侵权必究

◆ 读者邮购本书，请与本社发行科联系。
电话：(028)85408408/(028)85401670/
(028)86408023　邮政编码：610065
◆ 本社图书如有印装质量问题，请寄回出版社调换。
◆ 网址：http://press.scu.edu.cn

四川大学出版社
微信公众号

“高职院校航空服务类专业规划教材”编委会

主　　编：刘存绪　唐健禾　辜英智

编　　委（以姓氏汉语拼音音序排列）：

陈　刚　陈蕾吉　陈璇竹　辜英智　顾建庄

黄冬英　黄怡川　李桂萍　李雯婧　刘存绪

刘　华　刘媛媛　卢　坤　全　瑜　唐健禾

王　刚　王俊雷　王志鸿　王椤兰　魏　庆

吴　易

前　言

为落实《国家中长期教育改革和发展规划纲要（2010—2020 年）》《国家职业教育改革实施方案》确定的“立德树人”的根本任务，遵循《中国教育现代化 2035》提出的“以德为先”“全面发展”“面向人人”“终身学习”“因材施教”“知行合一”“融合发展”“共享共建”的理念，依据教育部《高等职业学校专业教学标准》及相关行业标准，培养具有较高的专业应用水平和良好的综合素质，熟练掌握民航服务基本技能，适应民航业发展需要的复合型、技能型、应用型高级航空服务专业人才，学院组织专家、学者编写了这套适应“十四五”期间教学需求的高职院校航空服务专业规划教材。

四川东星航空教育集团自 2006 年创建以来，始终致力于为中国民航培养高素质的航空服务类专门人才。集团旗下的天府新区航空旅游职业学院汇集了一大批热爱民航教育事业的专、兼职教师，聘请了一大批行业专家担任顾问，指导办学。2017 年学院组织编写的“十三五”规划民航特色专业统编教材（共 16 种）由四川大学出版社出版发行后，受到广大师生和同类院校、行业专家的一致好评。

新时期我国民航业的飞速发展，必然会对从业人员提出新的要求。作为培养航空服务专业人才的高等职业院校，我们充分认识到原有的教材体系和内容已经不能满足现实发展的需要。2019 年，天府新区航空旅游职业学院成立了“高职院校航空服务类专业规划教材”编委会，启动了对“十三五”规划民航特色专业统编教材的全面修订工作。经过一年多的努力，这套面向“十四五”的高职院校航空服务类专业规划教材即将付梓。本系列教材包括《民航概论》《民用航空法律法规基础》《民航服务心理学》《民航安全检查》《客舱服务英语》等 15 种。参与编撰的人员有陈刚、陈蕾吉、陈璇竹、辜英智、顾建庄、黄冬英、黄怡川、李桂萍、李雯婧、刘存绪、刘华、刘媛媛、卢坤、全瑜、唐健禾、王刚、王俊雷、王志鸿、王樱兰、魏庆、吴易等。辜英智、刘存绪、唐健禾对全套书进行了审读、统稿并定稿。

在本系列教材的编写过程中，四川大学出版社的编辑提出了许多宝贵的修改意见，民航业界的学者与专家做了权威的指导，相关学者的文章和专著提供了有价值的参考资料和信息，在此一并致以诚挚的谢意。相对于我国高速发展的民航服务业，本系列教材还难以概其全貌，加之编者水平有限，疏漏之处在所难免，恳请读者批评指正。

“高职院校航空服务类专业规划教材”编委会
2020 年 9 月

目 录

第一章 民航机型常识……………………………………………………（1）
第一节 A320 系列客机 ……………………………………………（1）
第二节 A330 和 A340 系列客机 …………………………………（5）
第三节 B737 系列客机 ……………………………………………（9）
第四节 B767 系列客机 ……………………………………………（17）
第五节 CRJ 系列客机 ……………………………………………（21）
第六节 MD-82 机型 ………………………………………………（24）
第七节 ARJ21 支线飞机 …………………………………………（26）
第八节 货运飞机……………………………………………………（27）
第九节 通用航空飞机………………………………………………（31）
第十节 公务机………………………………………………………（35）

第二章 B737-800 型飞机 ………………………………………（39）
第一节 飞机概述……………………………………………………（39）
第二节 舱内设备……………………………………………………（42）
第三节 厨房设备……………………………………………………（59）
第四节 卫生间设备…………………………………………………（73）
第五节 舱 门………………………………………………………（80）
第六节 乘务员控制面板……………………………………………（88）
第七节 呼叫系统……………………………………………………（92）
第八节 内话机及客舱广播系统……………………………………（94）
第九节 音频系统……………………………………………………（96）
第十节 视频系统……………………………………………………（98）

第三章　A320 型飞机 ……………………………… (101)
第一节　飞机舱门……………………………… (102)
第二节　内话机及客舱广播系统……………………………… (109)
第三节　A320 型飞机呼叫显示系统 ……………………………… (113)
第四节　乘务员控制面板……………………………… (115)

第四章　客舱应急设备……………………………… (124)
第一节　灭火设备……………………………… (124)
第二节　机上供氧系统　……………………………… (133)
第三节　机上应急医疗箱和急救箱……………………………… (140)
第四节　机上安全带……………………………… (144)
第五节　应急照明……………………………… (146)
第六节　救生衣……………………………… (149)
第七节　麦克风……………………………… (152)
第八节　应急发报机……………………………… (152)
第九节　地板高度出口和非地板高度出口……………………………… (156)
第十节　圆形救生船……………………………… (164)
第十一节　救命包……………………………… (167)

第五章　常见故障……………………………… (177)
第一节　设备故障……………………………… (177)
第二节　系统故障……………………………… (179)

第一章 民航机型常识

第一节 A320 系列客机

一、A320 系列客机发展历程

A320 系列是欧洲空中客车工业公司（以下简称空客公司）研制生产的双发中短程 150 座级客机。空客公司在其研制的 A300、A310 宽体客机获得市场肯定，打破美国波音公司垄断客机市场的局面后，研制了一系列与 B737 系列和 MD-80 系列竞争的机型，包括 A318、A319、A320 及 A321 四种客机。这四种客机拥有相同的基本座舱配置，飞行员只需要接受一种飞行训练，就可驾驶这四种客机。这种共通性设计降低了维修的成本以及备用航材的库存。

A320 是一种真正的创新的飞机，它为单过道飞机建立了一个新的标准。A320 拥有更宽敞的客舱空间，可采用更宽大的座椅，能给乘客提供更好的舒适性，且比其竞争者飞得更远、更快，因而具有更好的经济性。较宽的机身还提供了无与伦比的货运能力。A319、A320 和 A321 是能够提供集装箱货运装载系统的飞机，该系统与全球标准宽体飞机装载系统兼容，从而减少了地服设备，降低了装卸成本。该系列飞机具有的高可靠性进一步增强了其盈利性和为乘客提供服务的能力。

A320 系列客机在设计中采取“以新制胜”的方针，采用先进的设计和生产技术以及新的结构材料和先进的数字式机载电子设备，是世界上最早采用电传操纵系统的亚音速民航运输机。其机翼在 A310 机翼的基础上又进行了改进，双水泡形机身截面大大提高了货舱中装运行李和集装箱的能力。

图 1－1　A320 客机

二、A320 系列主要型号

1. A320

欧洲空客公司于 1979 年 7 月宣布 A320 客机方案，1983 年 12 月 A320 计划正式上马，1987 年 2 月 22 日首次试飞，1988 年 2 月获适航证并交付使用。主要型号有：

①A320-100 型，基本型。1988 年交付使用。

②A320-200 型，远程型。其与 A320-100 型的区别是采用了中央翼油箱，增加了有效载重和航程。1988 年 7 月交付使用。

图 1－2　A320

表 1－1 A320-200 型基本数据

项 目	A320-200 型
翼展（米）	34.09
机长（米）	37.57
机高（米）	11.76
最大业载（千克）	19700
空重（千克）	39300
最大起飞重量（千克）	72000
经济巡航速度（千米/小时）	878
最大航程（千米）	5000

资料来源：李永主编，《中国民航机型大全》，北京：中国民航出版社，2015 年，第 93～94 页。

2. A321

A321 是空客公司第一个完全通过商业筹资完成的项目。它是从 A320 直接派生的加长型机种，与 A320 相比，增加了 24％的座位和 40％的空间，在机翼前后各增加了两个应急出口，对机翼进行了局部加长。该项目于 1989 年 5 月启动，1993 年 3 月首航，同年 12 月获欧洲 A321 适航证，1994 年 1 月交付使用。主要型号有：

①A321-100 型，基本型。

②A321-200 型，远程型。

图 1－3 A321

3. A319

A319 是从 A320 直接派生的缩短型，与 A320 相比机身缩短 3.73 米，机翼附近应急出口减少一个，机身后部无散货舱。该项目启动于 1993 年 6 月，1995 年 8 月首飞，1996 年 5 月交付使用。主要型号有：

①A319 型，基本型。

②A319CJ 型，公务机型。

图 1—4　A319

A319 使运营商从其航程选择和座位布局的灵活性方面受益匪浅。除了载客量 124 人、航程 6800 公里的标准型，空客公司还可根据各个航空公司的要求灵活设定座位的数量。

4. A318

A318 继续保持了 A320 系列的通用性，为客户提供了全新的百座级客机。A318 于 2002 年 1 月首飞后交付使用。

图 1—5　A318

A318航程6000公里，2003年7月投入运营，两级客舱布局载客量为107人，单级客舱布局载客量为132人。该机型拥有较强的起降性能，与同级别飞机相比所需的跑道较短。

空客公司还推出了提高整体可靠性、降低维护成本和零部件成本的增强型飞机系统。这些系统现已成为A320系列的标准配置，其中包括新一代客舱双向通信数据系统。该系统包括一块供乘务员使用的图形触摸屏，方便他们编制计划并减少培训时间；还包括一些新型驾驶舱液晶显示屏，这些显示屏比阴极射线管显示屏的重量轻，图像也更清晰，但仍以同样的方式显示数据，保留了驾驶舱的共通性。

第二节 A330和A340系列客机

一、A330和A340系列客机发展历程

A330和A340系列客机是空客公司在分析世界主要航空公司20世纪90年代的需求后，于1986年1月宣布研制的两种先进的双过道宽机身客机。除了发动机的数量和与发动机相关的系统，这两种机型有很大的共通性，它们有85%的零部件可以互相通用。采用同样的机身（只是长度不同），驾驶舱、机翼、尾翼、起落架及各种系统都相同，这样的设计可以降低研制费用。这两种机型还保留了A300/A310机型的高效率机身截面设计。

1987年4月空客公司决定将A330和A340两种型号作为一个计划同时上马。

A330和A340采用了许多现代化技术，如电传操纵和多功能座舱显示装置，同时先进机翼、高效率发动机及大量复合材料的使用，减轻了飞机的重量，飞机每座千米油耗和每座直接使用成本都有较大下降。

二、A330和A340系列主要型号

1. A330-300型

A330-300型是空客公司A330/A340系列中载客量最大的一种型号。

与 A340-300 型相比，机身相同，但发动机只有两台，与发动机相关的系统也有所不同，航程较短。1987 年 11 月首飞，1994 年 6 月获欧、美适航证书。

图 1-6　A330-300 型

2. A330-200 型

A330-200 型是 A330 的远程型。这种机型的推出使空客公司的大型双发客机销售情况大为改观。A330-200 型较 A330-300 型机身短 5.3 米，但加大了尾翼，加强了机翼结构。1997 年 8 月首飞，1998 年 5 月交付使用。

图 1-7　A330-200 型

3. A340-300 型

A340-300 型是 A340 的高载客量型，标准载客量 295 人。1991 年 10

月首飞，1993 年 2 月交付使用。

表 1－2 A340-300 型基本数据

项 目	A340-300 型
翼展（米）	58.60
机长（米）	63.60
机高（米）	16.70
最大业载（千克）	49200
空重（千克）	118900
最大起飞重量（千克）	246000
经济巡航速度（千米/小时）	920
最大航程（千米）	16700

资料来源：李永主编，《中国民航机型大全》，北京：中国民航出版社，2015 年，第 96 页。

A340-300E（X）型是 A340-300 型的远程型，最大航程 13520 千米，1996 年交付使用。

4. A340-200 型

A340-200 型是 A340 的远程型，机身较 A340-300 型短，航程可达 15000 千米。1992 年 4 月首飞，1993 年 2 月交付使用。

图 1－8 A340-200 型

5. A340-600 型

A340-600 型采用 RR Trent 556 发动机，航程达 13900 千米，机身长

74.8 米，比 A340-300 型长，可载客 380 人，比 A340-300 型的载运能力提高了。2001 年 3 月首飞，2002 年交付使用。

图 1－9　A340-600 型

6. A340-500 型

A340-500 型侧重于航程，超越之前航程最远的 A340-200 型，能不经停地飞行 16000 千米。与 A340-300 型相比，A340-500 型机身长，拥有更大的机翼面积、更小的垂直控制面、更大的水平控制面，但也大幅增加运载燃油量，采用 4 台涡轮风扇发动机。2002 年 2 月首飞，2003 年 9 月交付使用。

图 1－10　A340-500 型

第三节 B737 系列客机

一、B737 系列发展历程

B737 系列飞机是波音公司生产的双发（动机）中短程运输机，被称为世界航空史上最成功的民航客机。在获得德国汉莎航空公司 10 架启动订单后，B737 飞机于 1964 年 5 月开始研制。1967 年 4 月原型机试飞，同年 12 月取得适航证，1968 年 2 月投入航线运营。

B737 系列飞机基本型为 B737-100 型。传统型 B737 分 100、200、300、400、500 型五种。目前，传统型 B737 均已停止生产。

1993 年 11 月，新一代 B737 项目正式启动。新一代 B737 分 600、700、800、900 型四种，以出色的技术赢得了市场的青睐。

图 1－11 B737 系列客机

二、飞机动力

1. 辅助动力系统

B737 系列的辅助动力系统（APU）安装在飞机的尾部，它的主要部件是一个涡轮喷气发动机，在地面和空中都可以使用。在地面如果没有外接电源，辅助动力系统可以为飞机提供电力和引气。飞机在 5182 米的高度时，辅助动力系统可以作为备用设备为飞机提供引气。

2. 电力系统

B737 系列的电力系统为飞机提供 28 伏直流电和 115 伏交流电。在地面时，也可由辅助动力系统或外动力车提供动力。如果电力系统的一个或多个发电机不能工作，厨房电力会自动切断。

3. 空调和气压

正常情况下，B737 系列用于空调和密封的引气由发动机提供，辅助动力系统也能用来提供引气。驾驶舱和客舱的温度是分开控制的，客舱温度由驾驶舱控制。

三、B737 系列传统型号

1. B737-100 型

B737-100 型为基本型，装配两台 JT8D-7 或 JT8D-9 涡轮风扇发动机。1967 年 4 月首飞，1968 年 2 月交付使用。

图 1—12　B737-100 型

2. B737-200 型

B737-200 型为 B737-100 型的加长型，在 B737-100 型机身的基础上加长了 1.8 米。B737-200 型在空气动力学方面加以改进，同时还增加了反推装置，修改了襟翼等。

B737-200 基本型：最初生产型。

B737-200 先进型：在 B737-200 基本型的基础上，进一步改进机翼、制动系统和起落架。该机型可在机腹货舱加装油箱。

B737-200C/QC 客货两用型：它的优势在于对机身和地板做了加强，客舱加开了一个舱门，客型和货型可以快速转换。

B737-200 远程型：总燃油量增加到 22598 升，下货舱后部还有一容积为 3066 升的备用油箱，其航程比标准型 B737-200 型增加 1200 千米。

图 1—13 B737-200 型

3. B737-300 型

B737-300 型为标准型，机身比 B737-200 型加长 2. 64 米（机翼前机身加长 1. 12 米，机翼后机身加长 1. 52 米）。该机型于 1981 年 3 月正式开始研制，1983 年进行总装。1984 年 1 月第一架原型机出厂，同年 2 月首飞，同年 11 月交付使用。

图 1—14 B737-300 型

4. B737-400 型

B737-400 型在 B737-300 型的基础上再加长 3.05 米（机翼前机身加长 1.83 米，机翼后机身加长 1.22 米），安装了尾撬，用于起飞时保护后机身。由于最大起飞重量增加到 54885 千克，故对机翼和起落架做了加强。

图 1－15　B737-400 型

5. B737-500 型

B737-500 型为 B737-300 型的缩短型。波音公司为了更充分地覆盖 100～150 座中短程客机各个档次，于 1987 年 5 月宣布发展 B737-500 型。相比 B737-300 型，B737-500 型的机身缩短 6.7 米，载客量 108 人，最大起飞重量 52163 千克。首架 B737-500 型于 1989 年 6 月首飞，1990 年 2 月获得美国联邦航空局的型号合格证，1990 年 2 月交付使用。

图 1－16　B737-500 型

四、新一代 B737

1. 简要介绍

新一代 B737 在保持 B737-300/400/500 型受用户青睐的简单、可靠以及运营成本低的基础上，对机翼做了改进，换装推力更大、性能更好的 CFM56-7 发动机使其航程更远，与竞争对手 A320 同样具备了横跨美国大陆的飞行能力；同时新一代 B737 采用了最先进的数字化设计和制造技术。其中 B737-700 型为标准型，而 B737-900 型和 B737-800 型为 B737-700 型的加长型，B737-600 型为 B737-700 型的缩短型。

2. 设计

经过严格的空气动力分析计算，波音公司重新设计了新一代 B737 的机翼，机翼的弦长增加了 0.5 米，翼展增加了 5 米，使得机翼总面积增加了，燃油容量提高了。先进的翼型设计使新一代 B737 的最大航程达到 6000 千米，可以进行横跨美国大陆的飞行。新一代 B737 的巡航速度提高到 0.785 马赫（848 千米/小时），最大速度可达 0.82 马赫（885 千米/小时），最大巡航高度 12400 米，超越了同级竞争机型。

3. 发动机

新一代 B737 选择了 CFM56-7 发动机作为动力来源。这种新型的发动机采用了代表当时最先进技术的宽弦风扇和全权限数字式发动机控制系统（FADEC）。与传统型 B737 上配置的 CFM56-3 发动机相比，其推力增加，而噪声远远低于三级噪声标准，而且还具有油耗低和维护费用低等特点。

4. 通用性

新一代 B737 与传统型 B737 具有相同的零部件、地面支持设备和完全相同的地面维护。另外，新一代 B737 的四种机型间具有 98%的机械零部件通用性和 100%的发动机通用性，从而节约了运营成本。

5. 灵活性

新一代 B737 系列飞机的客舱内饰也应客户要求做了很大的改善，采用了 B777 飞机客舱顶板的设计技术，使客舱的灵活性得到改进：航空公司可以在不到 1 分钟的时间里，将新一代 B737 的客舱布局从公务舱的每排 5 座改成经济舱的每排 6 座；也可以在不到 1 个小时的时间里，将新一代 B737 的客机改装成货机。

6. 新技术

2000 年 2 月，波音公司开始提供一种先进的翼梢小翼技术，作为 B737-800 型的选装项目。这种约 2.4 米高的融合式翼梢小翼将使新一代 B737 飞机的航程更远，有效载荷增加约 2.7 吨，油耗更低，并且更加环保。2001 年 5 月，首架带有翼梢小翼的 B737-800 型飞机投入运营。

7. 主要型号

(1) B737-700 型

B737-700 型为标准型，可以载客 126～149 名。1993 年 11 月 17 日开始研制，1997 年 2 月首飞，1997 年年底交付使用。

图 1—17　B737-700 型

表 1—3　B737-700 型基本数据

项　目	B737-700 型
翼展（米）	34.32
机长（米）	33.60
机高（米）	12.60
最大商载（千克）	16500
空重（千克）	38150
最大起飞重量（千克）	70080

续表

项　目	B737-700 型
经济巡航速度（千米/小时）	794
最大航程（千米）	6000

资料来源：李永主编，《中国民航机型大全》，北京：中国民航出版社，2015 年，第 105 页。

（2）B737-800 型

B737-800 型为加长型，可以载客 162～189 名。1994 年 9 月开始研制，1997 年 7 月首飞，1998 年 4 月交付使用。

图 1—18　B737-800 型

表 1—4　B737-800 型基本数据

项　目	B737-800 型
机长（米）	39.47
机高（米）	12.54
翼展	34.32
最大业载（千克）	20500
最大巡航高度（米）	12500
最大航程（千米）	5600

续表

项　目	B737-800 型
经济巡航速度（千米/小时）	794
最大速度（千米/小时）	943
空重（千克）	41145
最大起飞重量（千克）	78240

资料来源：李永主编，《中国民航机型大全》，北京：中国民航出版社，2015 年，第 108 页。

（3）B737-600 型

B737-600 型是 B737-700 型的缩短型，可以载客 110～132 名。1994 年 9 月开始研制，1998 年 1 月首飞，1998 年 9 月交付使用。

图 1—19　B737-600 型

（4）B737-900 型

B737-900 型是为了更好地与 185 座 A321 竞争而发展起来的，在 B737-800 型的基础上机身又加长了 2.6 米。

B737-900 型为该系列中最新、最大的成员，可以载客 177～189 名。于 2000 年 8 月首飞成功，2001 年 4 月获 FAA 适航证，4 月获欧洲联合航空局（JAA）适航证，并于 2001 年 5 月投入运营。

图 1—20　B737-900 型

第四节　B767 系列客机

一、B767 系列客机发展历程

B767 系列客机是波音公司生产的双发（动机）半宽体中远程运输机，主要是用来争夺 20 世纪 80 年代由 B707、DC8、B727 等 200 座机中远程客机退役后形成的市场。1972 年提出计划，1978 年 7 月开始全面研制，1981 年 9 月 B767 客机首飞，1982 年 7 月获型号合格证，同年 8 月投入航线运营。

B767 采用了全新的机体，机身宽 5.03 米，这个宽度非常适合采用舒适的双过道客舱布局，并能适应当时已有的标准集装箱和货盘。同时，使首次采用两人驾驶制的宽体飞机 B767 在设计上力求保持与 B757 有更多的共通性。

1985 年 5 月，美国联邦航空局（FAA）批准，B767 在远程飞行中距离备降机场最长飞行时间可达 120 分钟，即 120 分钟 ETOPS（双发延程飞行）。1989 年 3 月，又被 FAA 批准为 180 分钟 ETOPS。

图 1—21　B767 客机

二、B767 主要型号

1. B767-100 型

B767-100 型是早期型，准备直接与 A310 竞争，因无订单而未投产。

2. B767-200 型

B767-200 型是基本型，是最初生产的型号。1981 年 9 月首飞，1982 年 8 月交付使用。

3. B767-200ER 型

B767-200ER 型是 B767-200 型的加大航程型，在 B767-200 基本型增加了载油量和最大起飞重量，1984 年 5 月首飞。

图 1—22　B767-200ER 型

4. B767-300 型

B767-300 型是 B767-200 型的加长型，于 1983 年 9 月开始研制生产。这种机型比 B767-200 型加长了 6.43 米，因而载客能力和货舱容积均增加了。加强了机身中段和起落架，1986 年 1 月首飞，1986 年 9 月交付使用。

图 1—23　B767-300 型

表 1—5　B767-300 型基本数据

项　目	B767-300 型
翼展（米）	47.57
机长（米）	54.94
机高（米）	15.90
最大业载（千克）	40700
空重（千克）	89900
最大起飞重量（千克）	184600
经济巡航速度（千米/小时）	850
最大航程（千米）	13300

资料来源：李永主编，《中国民航机型大全》，北京：中国民航出版社，2015 年，第 83 页。

5. B767-300ER 型

B767-300ER 型是 B767-300 型的加大航程型，在 B767-300 型的基础上增加了中央翼油箱，提高了最大起飞重量，增加了航程。1988 年交付使用。

图 1－24　B767-300ER 型

6. B767-300F 型

B767-300F 型是货机型，主舱货舱容积为 336.5 立方米，底层货舱容积为 117.5 立方米，在满载 50 吨货物的时候可飞行 6000 千米。1995 年 6 月首飞，同年 10 月交付使用。

图 1－25　B767-300F 型

7. B767-400ER 型

B767-400ER 型在 B767-300 型的基础上机身加长了 6.4 米，空气动方面做了改进，增加了翼展和最大起飞重量，并采用了全新的主起落架。首架于 1999 年 8 月出厂，2000 年 5 月交付使用。

图 1-26 B767-400ER 型

第五节 CRJ 系列客机

一、CRJ 系列发展历程

CRJ 系列是由庞巴迪宇航集团提供的民用支线喷气飞机，包括 50 座 CRJ-100/200、70 座的 CRJ-700、90 座的 CRJ-900。庞巴迪也是目前唯一能提供 40～90 座支线喷气飞机系列的公司。

自 1992 年投入使用以来，CRJ 系列在速度、经济性及乘客舒适度等各方面受到航空公司的一致好评。CRJ 系列在大飞机难以赢利的航线上具有其独特的优越性，它不仅可用于扩大点对点的支线运输，还可用于增加从枢纽机场至周围区域的辐射式运输，同时还能使航空公司改善旅客服务，提高效益。

庞巴迪宇航集团一直在发展支线客机，在收购了多家支线飞机制造商后，逐渐形成了较完整的支线飞机系列，而这一点正是各航空公司最看重的地方。同时，由于支线涡轮螺旋桨飞机逐渐退出民航舞台，而庞巴迪 CRJ 系列以其舒适性高、速度快及维护方便等优点，正好填补了市场上这一空缺，促成了庞巴迪在支线航空领域的垄断地位。

图 1－27　CRJ 系列客机

二、CRJ 系列主要型号

1. CRJ-100 型

原型机为挑战者 CL601 型，在此基础上，机身加长了 6.1 米，机翼部分做了较大改进。于 1991 年 5 月首飞，1992 年获加拿大适航证书。1992 年 10 月交付使用。1993 年获欧、美适航证书。

图 1－28　CRJ-100 型

2. CRJ-200 型

该机型于 1995 年推出，是当时的标准生产型，具体型别有 CRJ-200 标准型、加大航程的 CRJ-200ER 及航程更大的 CRJ-200LR，其航程可达 3700 千米。1996 年 1 月交付使用。

图 1－29 CRJ-200 型

表 1－6 CRJ-200 型基本数据

项 目	CRJ-200 型
翼展（米）	21.21
机长（米）	26.77
机高（米）	6.22
商载（千克）	5400
空重（千克）	13700
最大起飞重量（千克）	21500
最大巡航速度（千米/小时）	860
航程（千米）	1825

资料来源：百度百科，词条“CRJ－200 型飞机”，https：//baike. baidu. com/item/CRJ－200%E5%9E%8B%E9%A3%9E%E6%9C%BA/11019448? fr＝aladdin，访问时间 2021 年 3 月 3 日。

3. CRJ-700 型

CRJ-700 型为 70 座级支线喷气飞机，是在 CRJ-200 型大受欢迎的基础上，为顺应市场对更大承载能力支线客机的需求而推出的新型飞机。于 1997 年 1 月正式启动，1999 年 5 月首飞，在 2000 年 1 月交付使用。

图 1-30 CRJ-700 型

4. CRJ-900 型

CRJ-900 型为 90 座级支线喷气飞机，是在 CRJ-700 型的基础上推出的加长型，是 CRJ 系列中最大、最新的成员。2001 年 2 月首飞，2003 年 1 月交付使用。

图 1-31 CRJ-900 型

第六节 MD-82 机型

MD 系列飞机是美国麦克唐纳·道格拉斯公司生产的系列中远程飞机。在同波音公司合并以前，道格拉斯公司已经生产了 MD-11、MD-80、MD-82、MD-90、MD-95 几个大机种。

MD-80 系列是全球公认的 20 世纪较成功的中短程客机之一，和 B737、A320 并列为极具影响力的客机。

MD-80 是麦道公司于 1977 年 10 月开始研制的中短程客机，1979 年 10 月首飞，1980 年 9 月交付使用。

其中，MD-81 是基本型；MD-82 高温高原型是 MD-81 的改进型，安装了推力更大的 JT8D-217 发动机，正常情况下可提高商务载重和航程；MD-83 是远程型，在货舱中增加了两个容量各为 2195 升的油箱，最大航程可达 4700 千米；MD-87 是机身缩短型，两级客舱布局可载客 130 人；MD-88 是为符合达美航空公司的技术要求而特别研制的，与 MD-82 相似，但较 MD-82 采用了更为先进的座舱显示和飞行管理系统，以及更多的复合材料。

MD-90 是在 MD-80 的基础上研制的中短程双发喷气客机。

表 1－7　MD-90 基本数据

项　目	MD-90
翼展（米）	32.90
机长（米）	46.50
机高（米）	9.30
最大业载（千克）	18900
最大起飞重量（千克）	70800
经济巡航速度（千米/小时）	850
最大航程（千米）	4940

资料来源：李永主编，《中国民航机型大全》，北京：中国民航出版社，2015 年，第 99 页。

表 1－8　MD-82 基本数据

项　目	MD-82
翼展（米）	32.86
机长（米）	45.08
空重（千克）	36500

续表

项　目	MD-82
最大业载（千克）	17000
最大起飞重量（千克）	68300
经济巡航速度（千米/小时）	854
最大航程（千米）	4940

资料来源：李永主编，《中国民航机型大全》，北京：中国民航出版社，2015 年，第 39 页。

第七节　ARJ21 支线飞机

一、ARJ21B 型简介

ARJ21B 型是 ARJ21 系列的公务机型，是为适应航空公务旅行需求快速增长的趋势而开发的。公务舱分设办公舱、随员舱、休息舱及专用舱，其布局充分满足了公务旅行对舒适性、航行途中办公以及乘客所需私密空间等要求。

图 1−32　ARJ21B 型

二、ARJ2IB 公务舱布置

ARJ2IB 的公务舱布置充分考虑了商务需求，分设办公舱、随员舱、休息舱及专用舱，并配置中央酒吧、洗手间、音响、DVD、卫星电话和上网端口等设施，乘客能有效利用空中飞行时间办公或休息。

第八节 货运飞机

一、B737-200F 型飞机

B737-200F 型飞机是美国波音公司研发生产的二发（动机）涡轮风扇式窄体中近程飞机，是 B737-100 型的加长型，机身加长了 1.93 米，同时在空气动力方面加以改进，增加了反推装置，修改了襟翼等。1964 年开始研制，1967 年首飞，1968 年投入航线使用，1988 年 8 月停产。

图 1—33 B737-200F 型

表 1—9 B737-200F 型基本信息

项 目	B737-200F 型
机长（米）	30.53
机高（米）	11.30
翼展（米）	28.40
空重（千克）	28900
最大着陆重量（千克）	47600

续表

项　目	B737-200F 型
最大业载（千克）	14000
经济巡航速度（千米/小时）	856
最大速度（千米/小时）	943
最大巡航高度（米）	10670
最大航程（千米）	4045

资料来源：李永主编，《中国民航机型大全》，北京：中国民航出版社，2015 年，第 36 页。

1995 年 3 月，厦门航空公司正式成立货运部，负责厦门航空公司货物、邮件运输。同年 12 月从中国南方航空公司租赁 1 架 B737-200F 型货机，1996 年 1 月首航。

1997 年后国内货运市场竞争加剧，而 B737-200F 型货机噪声超标，导致其在多个机场不能起降，载运率降低，处于亏本运营状态。2000 年 10 月，B737-200F 型货机被退租。

二、Y8F 型飞机

Y8F 型飞机是中国西安飞机工业公司与陕西飞机制造厂在 AM-12 的基础上研制和生产的四发（动机）涡轮螺旋桨中程多用途运输机，具有空投、空降、空运、救生及海上作业等多种用途。1969 年开始由西安飞机工业公司设计，01 号机于 1974 年 12 月首飞成功，02、03 号机分别于 1975 年 12 月和 1977 年 1 月试飞成功，1980 年 1 月获国家批准设计定型后转入小批量生产。

主要型别有：Y8 基本型（军用战术运输机）、Y8A 型（直升机载机）、Y8B 型（民用型）、Y8C 型（气密舱型）、Y8D 型（民用出口型）、Y8E 型（E 靶机载机）、Y8F 型（货机型）、Y8H 型（航空测量型）、Y8X 型（海上巡逻机）、Y8F-100 型（Y8F 的改进型）、Y8F-200 型。

陕西飞机制造厂按照中国民航总局适航条例 CCAR25 部的标准，针对国内航空货运市场的发展需要和国内航线以及机场的具体情况，在 Y8

基本型的基础上改进了 Y8F-400 型全机空调系统、货运系统，设置了货物拦阻网，引进国外先进的机载电子设备研制，其总体性能接近于美国洛克希德公司的 L-100 民用货机（军用型号 C-130），优于 AM-12 飞机，具有安全性高、经济性好和机场适应性强的特点。

表 1－10　Y8F-200 型基本信息

项　目	Y8F-200 型
机长（米）	34.02
机高（米）	11.16
翼展（米）	38.00
空重（千克）	34340
最大起飞重量（千克）	61000
最大着陆重量（千克）	58000
巡航速度（千米/小时）	550
最大平飞速度（千米/小时）	662
最大航程（千米）	5620
最大续航时间（小时）	10.5
实用升限（米）	10400
起飞滑跑距离（米）	1270
着陆滑跑距离（米）	1050
货舱长度（米）	13.5

资料来源：李永主编，《中国民航机型大全》，北京：中国民航出版社，2015 年，第 160 页。

Y8 系列飞机是中国当时研制并投入使用的最大型号的运输机，也是世界上一直没有停产的 20 顿级载重运输机的两种机型之一（另一种是美国洛克希德研制的 C-130）。它是运载大型设备、集装箱、精密仪器、电子产品、鲜活食品和玻璃、陶瓷等易碎物品的理想工具。它也可以用于空投，用于空降或机降（一次可空降 82 名伞兵或机降执行抢险、救灾和灭火等紧急任务的人员），用于救生（担负伤员运输任务，一次可运送重伤员 60 名、轻伤员 23 名和机医护人员 3 名），在我国国防建设和国民经济建设的许多领域发挥着重要作用。

图 1－34 B-3102

Y8F-100 型货机在中国邮政航空公司（以下简称“邮航”）飞行的 12 年间，总计安全飞行 51040 小时，为邮航初期的发展奠定了坚实的基础，做出了重要贡献。邮航在保持 Y8F-100 型货机持续性适航方面不断刷新国产大型飞机运行纪录，培养了一支优秀的飞行员和机务维护队伍，受到民航管理部门和飞机制造厂的肯定。随着航空快递运输行业的发展，Y8F-100 型货机已不能满足邮政 EMS“全夜航”的集散式、集装化等运输特点，邮政遂引进 B737F 机型并稳步扩大机队规模，以保证邮政 EMS 业务的继续发展。

Y8 型货机价格是国际市场上同级运输机价格的三分之一，因此受到一些发展中国家的欢迎。

三、A300F 型飞机

A300F 型飞机是空客公司研制的双发（动机）涡轮风扇宽体飞机，是 A300 系列飞机的货运型号。A300 系列飞机于 1969 年 9 月开始研制，1972 年 10 月 A300B1 原型机首飞，1974 年 5 月交付使用。

A300F 型是 A300C 的全货型（A300C 为客货两用型，其客舱前部增加了一个高 2.57 米、宽 3.58 米的大货舱门，上层客舱地板加强，可用于全客型和客货混合运输。全客型布局每排 8 座，可载 297 名旅客；客货混合运输可载 145 名旅客和 6 个 2.44 米×3.17 米的集装货盘，或载 83 名旅客和 9 个集装货盘；或全部装货，可装载 20 个集装货盘），将原客舱内的载客设施全部拆除，并把机舱的舷窗全部用金属板遮盖。装配标准的主舱货运门、强化地板和多功能主舱货物装载系统，主货舱地板上加装滚棒和导轨系统。上层货舱标准载货方案为15个2.24米×3.17米的集装货盘，下层货舱总载货量50695千克。

空客公司在货机市场上的成功可以追溯到公司成立。空客公司的创始人为最初的A300飞机选定了5.6米的机身宽度，使得其主货舱可以采取双排货舱装载构型，下货舱可以并排摆放LD-3型集装箱。A300-600RF货机是空客最早的全货机系列机型，同时也是业界畅销的中程货运机型之一，它的成功使得空客货机系列的许多特性在业界得到推广，尤其是多功能主舱货物装载系统使飞机的主货舱可以同时采取并排或单排装载构型。

图1—35 B-2306

2009年12月，中国南方航空股份有限公司首架由客机改装货机的A300-600F型正式投入运营，2011年6月退出运营。2014年3月，友和道通航空有限公司宣布引进7架由客机改货机的A300-600F型货机，2015年3月开始接收。

第九节 通用航空飞机

一、R44型直升机

R44型直升机是美国罗宾逊（Robinson）直升机公司研制生产的4座单发（动机）活塞式轻型直升机。R44型直升机是在R22型直升机的基础上发展而来的，1986年开始设计，1990年3月首飞，1992年12月取得美国联邦航空局适航证，不久后交付使用。

R44 型直升机虽然使用活塞发动机，其性能接近涡轮轴发动机，但其购买成本仅为涡轮轴发动机的三分之一，维护费用也较涡轮轴发动机低很多。R44 型直升机在整体设计上力求简洁，采用两片主旋翼，安装一台六缸活塞发动机，一经推出就受到市场的欢迎。

表 1－11　R44 型直升机基本信息

项　目	R44 型
机长（米）	11.76
机高（米）	3.28
旋翼直径（米）	10.06
空机重量（千克）	660
最大起飞重量（千克）	1090
巡航速度（千米/小时）	209
最大速度（千米/小时）	240
实用升限（米）	4270
航程（千米）	645

资料来源：李永主编，《中国民航机型大全》，北京：中国民航出版社，2015 年，第 248 页。

二、S-269C 型直升机

S-269C 型直升机是美国施瓦泽直升机公司（Schweizer Aircraft）研制的单发（动机）活塞式三旋翼轻型多用途直升机，前身为美国休斯直升机公司（Hughes Aircraft）于 1956 年研制的 H269 型直升机，该型直升机先后有 269A 型、269B（H300）型、269C 型、269D 型（S-330）。其中 269C 型被施瓦泽直升机公司于 1986 年购买了生产权及相关权利，并改称为“S-3000”。2004 年 8 月施瓦泽直升机公司被西科斯基飞机公司收购，该型直升机于 2009 年 2 月再次更名为西科斯基 S-300C。该编号中的“S”既可表示施瓦泽公司，也可表示西科斯基飞机公司。S-300C 型直升机具有安全可靠、容易驾驶、稳定性好等特点，主要用于飞行训练、航空摄影等，尤其是在直升机飞行学员培训、警务、农业喷洒、电力巡线等领域占有较大份额。

表 1－12 S-269C 型直升机基本信息

项 目	S-269C 型
机长（米）	6.80
机高（米）	2.66
旋翼直径（米）	8.18
空重（千克）	500
最大起飞重量（千克）	930
巡航速度（千米/小时）	124
最大速度（千米/小时）	153
实用升限（米）	3100
航程（千米）	360

资料来源：李永主编，《中国民航机型大全》，北京：中国民航出版社，2015 年，第 262 页。

2002 年 7 月，中国民用航空飞行学院从美国引进 3 架该型直升机，2014 年 2 月再引进 1 架。

三、AS350 小松鼠型直升机

AS350 小松鼠（Ecureuil）型直升机是法国宇航公司设计制造的单发（动机）涡轮轴式小型多用途直升机，用于替代云雀型直升机。1973 年 4 月开始研制，1975 年 12 月首飞，1976 年 3 月交付使用。该型直升机以其飞行安全、性能优越、运行成本低著称。

AS350 小松鼠直升机的主要型别有 AS350B、AS350C、AS350D、AS355E、AS355F。

表 1－13 AS350B 小松鼠型直升机基本信息

项 目	AS350B 小松鼠型
全长（米）	12.99

续表

项　目	AS350B 小松鼠型
机长（米）	10.93
机高（米）	3.14
主旋翼直径（米）	10.69
空重（千克）	1045
最大起飞重量（千克）	2250
最大着陆重量（千克）	2250
最大商载（千克）	1050
最大巡航速度（千米/小时）	246
经济巡航速度（千米/小时）	221
实用升限（米）	6000
满载最大航程（千米）	740

资料来源：李永主编，《中国民航机型大全》，北京：中国民航出版社，2015 年，第 236 页。

图 1—36　B-AS350B

AS350B2、AS350B3 是该型直升机的最新型号，安装了飞机和发动机多功能显示器等多种新型设备。其中，AS350B3 在 AS350B2 的基础上装备了新型发动机，更适合极端气候条件下如高原地区的通航作业和重物搬运。AS350B3 型直升机可用于旅客运送、通航作业、医疗救护、搜索救援、电力巡线、警务执法和重物吊挂等。

表 1-14　AS350B2 型直升机基本信息

项　目	AS350B2 型
全长（米）	12.94
机长（米）	10.93
机高（米）	3.14
机宽（米）	1.87
主旋翼直径（米）	10.69
空重（千克）	1224
最大起飞重量（千克）	2250
最大货物吊挂重量（千克）	1160
实用商载（千克）	1030
最大巡航速度（千米/小时）	246
最大使用高度（米）	6100
最大航程（千米）	666

资料来源：李永主编，《中国民航机型大全》，北京：中国民航出版社，2015 年，第 237 页。

第十节　公务机

一、G200 型飞机

G200 型飞机是以色列飞机工业公司研制的双发（动机）涡轮风扇超中型喷气公务机，其前身是该公司的子公司银河宇航公司（2001 年 6 月被通用动力公司控股）研制的阿斯特拉银河（ASTRA IAI1126 GALAXY）公务机，2001 年 6 月更名为 G200。该型飞机是目前世界上最豪华的公务机之一，在同级别公务机中保持着航程最远、客舱最大、综合性能和价格最佳的口碑。1993 年 9 月开始设计，1997 年 12 月首飞，1999 年 12 月交付使用。

表 1-15　G200 型飞机基本信息

项　目	G200 型
机长（米）	18.97
机高（米）	6.53
翼展（米）	17.70
内部舱长（米）	7.44
内部舱宽（米）	2.18
内部舱高（米）	1.91
空重（千克）	8710
最大起飞重量（千克）	16800
最大降落重量（千克）	10608
最大载重（千克）	1837
巡航速度（千米/小时）	850
最大速度（千米/小时）	900
最大巡航高度（米）	13700
最大航程（千米）	6300

资料来源：李永主编，《中国民航机型大全》，北京：中国民航出版社，2015 年，第 333 页。

图 1-37　G200 型

二、庞巴迪环球快车型飞机

庞巴迪环球快车型飞机是庞巴迪宇航集团加拿大分公司研制的双发

（动机）涡轮风扇大型超远程高速公务机。1996 年 10 月首飞，1998 年获得美国适航证，1999 年交付使用。

环球快车的衍生型号有“环球快车”XRS、“环球快车”5000 等。

图 1—38　庞巴迪“环球快车”型

表 1—16　“环球快车”型飞机基本信息

项　目	环球快车型
机长（米）	29.50
机高（米）	7.70
翼展（米）	28.60
空重（千克）	22600～25000
最大起飞重量（千克）	40700～41954
最大使用高度（米）	15545
最大航程（千米）	9630

资料来源：李永主编，《中国民航机型大全》，北京：中国民航出版社，2015 年，第 340 页。

三、A318 型飞机

A318 型飞机是 A320 系列中最小的成员，是一款双发（动机）涡轮风扇百座级中短程单通道客机，也叫“迷你空中巴士”。A318 项目 1999 年启动，2002 年 1 月首飞，2003 年 7 月交付使用。A318 型其实是由 A319 型衍生出来的，是 A319 型的缩短型。这一类型比 A320 系列的标准型短了 6 米、轻了近 14 吨。它以 B737-600 型和 B717 型为竞争对手，可以替代早期的 B737 型和道格拉斯 DC-9 型飞机。

A318 型继续保持了与 A320 系列的通用性，凡是接受过 A320 系列飞行训练的飞行员可以不用取得额外的认证就可以驾驶 A318 型。

2007 年，A318 精英型公务机首次亮相，是当时空中客车公务机中最成功的一个机型。A318 精英型公务机在承载 12 名旅客的情况下航程能达到 7800 千米，从伦敦不经停直飞纽约。客舱分为公共区、商务贵宾室和私人休息室三个部分。

表 1-17　A318 型公务机型飞机基本信息

项　目	A318 型
机长（米）	31.45
机高（米）	12.79
翼展（米）	34.10
机身宽度（米）	3.95
空重（千克）	39500
最大起飞重量（千克）	68000
最大着陆重量（千克）	57500
最大载重（千克）	11100

资料来源：李永主编，《中国民航机型大全》，北京：中国民航出版社，2015 年，第 337 页。

我国第一架 A318 型公务机于 2008 年 12 月引进，也是国内运行的首架超大型公务机。

图 1-39　A318 型公务机

第二章　B737-800 型飞机

第一节　飞机概述

一、飞机外观

从飞机外部看，它是由机头、机身、机翼、起落架和机尾组成的。

机头部分主要是驾驶舱，它是飞机飞行的控制中心，也是机长、副驾驶和观察员所在的工作区域。

机身分为上、下两部分，上部分是客舱，下部分是货舱和电器舱、起落架。主起落架位于机翼下，朝机身中线方向收缩；前起落架朝前，向机身内收缩。

机翼位于机身的两侧，大翼有下单翼、上反角、后掠式。整个机翼由缝翼、襟翼、副翼、减速板、扰流板组成。它们在飞行中起辅助控制作用。机翼上配备有油箱，专为飞机提供燃料。

起落架为前三点式。主起落架为两柱式，每柱两轮，前起落架两轮。

机尾由水平尾翼和垂直尾翼组成，尾翼有低水尾和单垂尾。水平尾翼通常由水平安定面和方向舵组成；垂直尾翼通常由垂直安定面和方向舱组成。

飞机的动力主要由发动机提供，它们位于机翼下或机尾。在飞机尾部还装有辅助动力装置（Auxiliary Power Unit，APU），当飞机在地面没有外接电源、发动机不工作的情况下，它可为飞机提供电源。当飞机在空中出现发动机故障时，它可作为辅助电源，但是并不产生推力。

二、客舱、货舱相关信息

1. 客舱

（1）气压

气压是随着飞机高度的变化而变化的，为了保证机上人员在高空中的生存需求，飞机客舱采用的是密封增压结构，密封的飞机客舱叫密封舱。

①空气来源：飞机外周大气层。

②增压途径：外界空气通过发动机内的压气机，经压缩加压、降温、过滤等一系列复杂的过程后才被输入客舱。

③压力：飞机从地面起飞升空，随着高度变化，气压也随之发生变化。客舱内的气压高度叫客舱高度。当飞机在升限 11300 米时，客舱高度为 2500 米左右。

④排气：通过后舱的弹簧式排气阀自动排出。

⑤循环过程：由驾驶舱开始，通过客舱顶部及两侧的空调管路，由后舱排出，约 10 分钟完成一次循环。

（2）电源

飞机电源主要有三种：地面外接电源（电源车）、发动机内的发电机和 APU。

飞机的客舱、厨房、卫生间内用的电压为 115 伏交流电。当飞机在空中出现单发停车时，飞机厨房内的电源会自动切断。

（3）客舱温度

①温度调节器：在驾驶舱内，由飞行员控制调节。

②客舱温度感应器：位于前客舱壁板处。

③温度调节范围：18℃～29℃，由驾驶舱控制调节。白天飞行通常调节到 20℃～22℃，夜间飞行通常调节到 22℃～24℃。

2. 货舱

货舱分为前货舱、后货舱和散货舱。

货舱为窒息式增压舱。

三、飞机服务系统

飞机服务系统包括为飞机提供服务的牵引车、廊桥/客梯车、污水车、餐食车、货车、加油车、净水车等。

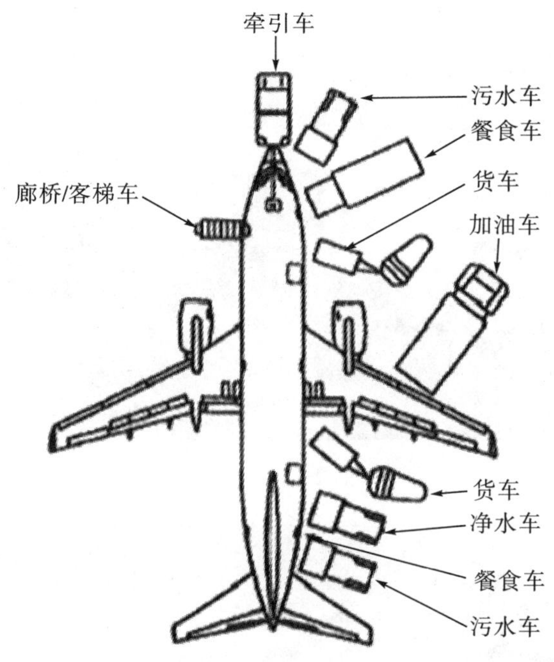

图 2-1 飞机服务系统示意图

1. 飞机前部

在机场，飞机的前部可连接牵引车。

牵引车属于航空特种车辆，四轮驱动，它利用柴油发动机产生动力，牵引飞机缓缓移动。

图 2-2 牵引车

2. 飞机左侧

在机场，飞机的左侧可连接廊桥/客梯车等。

图 2-3　廊桥

图 2-4　客梯车

3. 飞机右侧

在机场，飞机的右侧可连接食品车、净水车、污水车、货车等。

第二节　舱内设备

新一代 B737-800 型的客舱采用了 B777 飞机的设计，客舱天花板呈更加平滑的弧线形，提升了客舱整体环境和美感。已实现全数字化的驾驶舱，仪表板采用大型电子显示屏。客舱布局、内饰、灯光、服务设施、厨房、卫生间等都体现出其合理性和舒适性。

一、驾驶舱

按照国际民航组织机组人员配置惯例，B737-800 型飞机为两人制，一名带队机长，一名副驾驶，根据工作需要可增配一名观察员。

图 2—5 B737-800 型驾驶舱

1. 驾驶舱应急设备

驾驶舱应急设备包括氧气调节器及面罩、无线电耳机、救生衣、灭火瓶、防烟镜、逃离窗、迫降斧（消防斧）。

2. 驾驶员座椅和安全带

（1）驾驶员座椅

驾驶员座椅位置、扶手高度和靠背都是可调的。

（2）安全带

安全带为高强度五点式，使人能承受飞行、迫降（水上和陆地）过程中的过载，并能迅速打开。

（3）观察员座椅

观察员座椅位于驾驶舱门前过道侧边，为折叠式，由椅盘、靠背和安全带组成。

二、客舱

（一）客舱布局

B737-800 型飞机是一款中短程、单通道窄体客机，客舱一排可以容纳 6 个座位，多用于国内航线飞行。

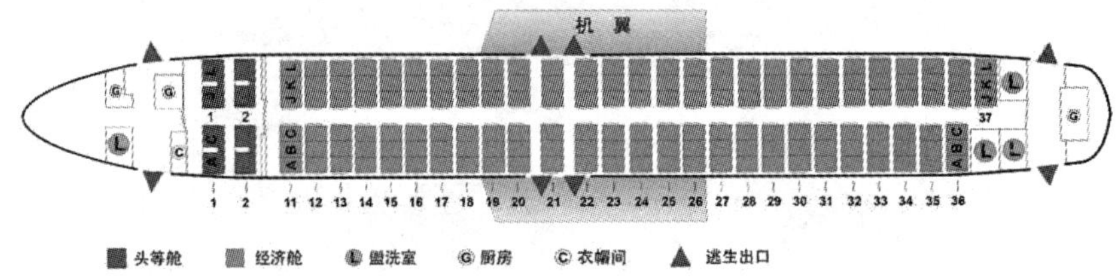

图 2-6 B737-800 客舱布局示意图

飞机舱门：4 个。左、右侧各两个，代号分别为 L1、L2、R1、R2。正常情况下，左侧门为登机门，右侧门为供应物品门，又称为服务门。登机门是向内/外开启的插入式舱门，向内开门，其中 L1 门为了开启方便带有弹力。紧急情况下四个门均可作为出口，供乘客和机组人员撤离飞机时使用。

翼上应急出口：4 个。

货舱门：2 个。

舱位等级：头等舱、普通舱。

卫生间：3 个（前舱 1 个，后舱 2 个）或 4 个（前舱 1 个，后舱 3 个）。

厨房：2 个。前厨房位于前服务间内，后厨房位于后服务间内。

衣帽间：1 个。

储物柜：5 个。

隔板。

摇篮插孔：2 处。

门帘：4 处。

乘务员座椅：6 个。L1 门处 2 个，L2 门处 2 个，R2 门处 2 个。

视频电视：1 组。

（二）行李箱

行李箱位于客舱两侧：乘客座椅上方，开启和关闭行李架为盖板式，用于乘客放置行李，个别行李架存放机上部分为应急设备。

根据民用航空运输的相关规定，行李箱上方不可放置过大、过重的物品，对每件行李的尺寸和重量均有相应的要求。

不可放置光滑、尖锐、坚硬、易泄漏的物品。

行李不可叠放，移动物品必须固定。

取放完物品后，必须随手盖好锁定盖板，不得有物体外露。

图 2—7　行李箱

【案例 2—1】

行李箱已满引发纠纷

2012 年 3 月，HU5939 杭州—北京航班。两位持有头等舱机票的“金卡”乘客登上飞机后，发现自己座位上方的行李箱已放满，要求乘务员帮助安排随身携带的点心盒及其他行李。乘务员没有及时、合理地回应乘客，而是直接把乘客的点心盒安排在了乘客座椅的下方，造成乘客不满，情绪激动地将其座位上方行李箱内的东西全部取出后扔在地上，被扔下的东西正好碰到了乘务员的腿部。乘务员没有及时化解矛盾、解决问题，而是直接向机长报告“有乘客闹事”，要求地面公安人员上机处理。后来乘客被民警带下了飞机，拘押达 7 个小时，乘客愤然投诉。

点评分析：

（1）当乘客无法安排行李，找到乘务员求助时，乘务员处理得很随意，感觉有地方放就可以了，没有考虑乘客的感受：食品放在脚下是否合适？

（2）正因为乘务员的安排不合理，导致乘客情绪激动、行为失控，反映出乘务员在服务中缺少人性化和同理心，不了解乘客的心理需求，没有站在乘客角度考虑问题和处理问题。

（3）虽然乘务员没有与乘客发生正面冲突，但最后导致事态升级，该乘客把其座位上方行李箱内的东西全部扔出来。此时乘务员并没有积极想办法化解矛盾、解决问题，既没有做解释，也没有后续服务的补救，而是直接报告机长，把原本简单的问题复杂化了。

四、乘客服务组件

在每一排座椅上方备有一套乘客服务组件（Passenger Service Unit，PSU），即通风孔、阅读灯开关、呼叫按钮和一组信号指示牌（Passenger Information Unit，PIU）及扬声器、氧气面罩储藏面板。

1. 通风孔

通风孔可以调节空气。

2. 阅读灯开关

阅读灯开关为乘客阅读刊物时使用。

3. 呼叫按钮

当乘客需要乘务员帮助时，可按压座椅上方的呼叫按钮。

图 2—9　乘客服务组件

4. 信号指示牌

“请勿吸烟”“系好安全带”信息提示牌开关在驾驶舱，每次开或关均会发出单低谐音。

5. 扬声器

收听客舱广播。

6. 氧气面罩储藏面板

座椅上方存放四个氧气面罩，一旦客舱释压便可使用。

B737 系列的乘客氧气面罩位于每个座椅上方的行李架处，在经济舱中客舱左侧有四个氧气面罩，客舱右侧有三个氧气面罩。在客舱和每个乘客服务单元的氧气面罩储藏箱内装有一个化学氧气发生器，可提供大约 12 分钟的氧气。部分机型的应急氧气由货舱内大的固定氧气瓶提供。当客舱高度升高，空气中氧气含量不能供乘客正常呼吸时，氧气面罩会自动脱落，供乘客吸氧。

氧气面罩为乘客供氧的方式有以下三种。

（1）自动方式

如果客舱高度超过一定高度后会造成客舱失压，氧气面罩储藏箱自动打开，氧气面罩也会自动脱落。

（2）电动方式

当自动方式失效时，可由机组人员操纵驾驶舱内的乘客供氧电门，氧气面罩储藏箱的门也能打开，氧气面罩自动脱落。

图 2−8 氧气面罩使用方法

(3) 人工方式

当自动和电动方式都无法打开氧气面罩储藏箱时，可由人工方式打开。其方法为使用尖细物品如笔尖、别针、发卡等打开氧气面罩储藏箱的门，使氧气面罩脱落。

使用氧气面罩时应注意以下几点：

①化学氧气发生器只有在拉动面罩后才开始工作，而且拉动一个面罩可使该氧气储藏箱内所有的面罩都有氧气流出，乘客将面罩放在口鼻处就可以正常呼吸。

②在化学氧气发生器工作时，会产生热量，不要用手触摸，以免烫伤。另外要注意的是在机上发生火灾时，氧气面罩不能当作防烟面罩使用。

③用氧开始后，客舱内严禁吸烟，严禁一切明火。

④氧气面罩使用完后，乘务员要及时在客舱记录本上填写使用记录。

五、观察窗和遮光板

1. 观察窗

位于客舱两侧壁板上，每个观察窗间隔 0.5 米，上缘与乘客视线平行，由三层玻璃（材料均为丙烯酸纤维）和遮光板组成。中间一层为有机玻璃。

2. 遮光板

遮光板供乘客休息或观赏飞机外的景色，遇紧急情况时可判断外部环境状况。

遮光板开关方法：根据乘客个人需求，打开遮光板时向上拉动，可以停留在任意高度。但是当飞机起飞、下降时必须全部打开。

注意：紧急窗遮光板向下拉动是打开。

图 2－10　观察窗和遮光板

六、乘客座椅

B737 系列乘客座位的具体数量根据航空公司的需要可适当调整。根据不同机型、不同的客舱布局和航空公司的不同需求，座位数一般为 126～189个。以客舱通道为界，经济舱通道左右各有三个乘客座椅，公务舱通道左右各有两个乘客座椅。

图 2－11　乘客座椅

1．座椅头枕

普通舱座椅备有头枕，可供乘客休息时使用。头枕的两端可以根据个人的需要调节为任意角度。

图 2—12 座椅头枕

2. 安全带

乘客座椅上配备有安全带，座椅扶手上装有可调节座椅靠背角度的按钮。座椅背后（最后一排除外）均装有供乘客使用的椅背网袋和可折叠的小桌板。紧急出口处的座椅靠背固定，不能调节角度。

图 2—13 成人安全带

安全带是安装在座椅上的一套安全设备。在飞机滑行、起飞、颠簸、着陆的过程中或者“系好安全带”信号灯亮起及紧急撞击时，所有人员都应将安全带系好。特殊乘客需在安全带与腹部之间垫枕头或毛毯。

成年人安全带供正常成年人使用；未成年人安全带是指供两岁以内婴

幼儿使用的安全带，其用法是将未成年人安全带穿过成年人安全带上的环并系好。

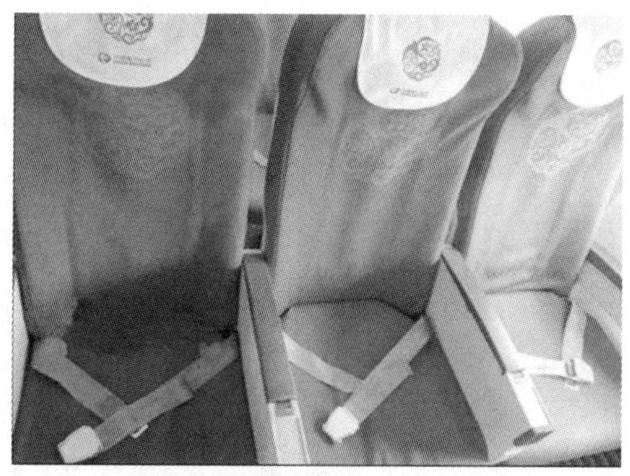

图 2-14 安全带

注意：飞机起飞、下降时，空座位上所有的安全带都要扣好。

3. 座椅靠背调节按钮

在座椅扶手上有座椅靠背调节按钮，当按下按钮时，座椅靠背可以向后倾斜 15 度，再按一次座椅靠背复位收回；飞机起飞或下降、紧急情况时需要系好安全带，调直座椅靠背。

图 2-15 座椅靠背调节按钮

注意：位于紧急窗口旁边的座椅靠背不可以调节，以便于发生紧急情况时快速撤离。

4. 桌板

在每一个座椅背后备有一个小桌板供乘客用餐，当飞机起飞或下降、空中遇有颠簸、紧急撤离时，需要收起并扣好小桌板。

图 2—16　桌板

注意：经济舱第一排、应急出口座位、头等舱小桌板位于扶手内。

5. 座椅口袋

每个座椅后背备有一个口袋，放置航空公司宣传册、安全须知卡、报纸、清洁袋、耳机等物品。

图 2—17　座椅口袋

6. 扶手和坐垫

座椅扶手可以抬起，使三个座椅可以并排供担架乘客或生病的乘客使用。水上撤离时座椅坐垫可作为漂浮物使用。

图 2—18 扶手和坐垫

7. 阻拦杆

在经济舱座椅下方备有阻拦杆，用于乘客放置行李、飞机起飞和下降防止行李移动，起固定的作用。

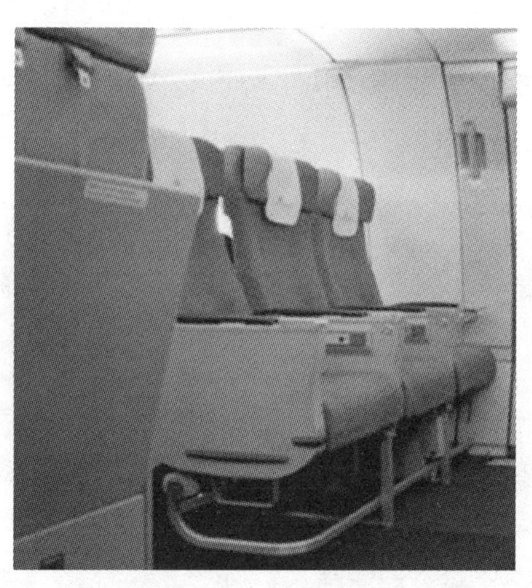

图 2—19 阻拦杆

8. 头等舱座椅小桌板、杯托板、脚踏板

头等舱共有八个座椅，每个座椅要比经济舱座椅宽大舒适。小桌板设计为折叠式，储藏在扶手内，并在扶手上配有一套独立自控服务设施（音频、视频、座椅调节按钮）。另外，增配杯托板、脚踏板。这些小桌板、杯托板及脚踏板在飞机起飞、下降、应急撤离时需要收起。

图 2—20　头等舱座椅小桌板、杯托板、脚踏板

9. 救生衣

在每位乘客座椅下方或座椅扶手旁口袋内均备有一件救生衣，用于海上撤离逃生时使用。

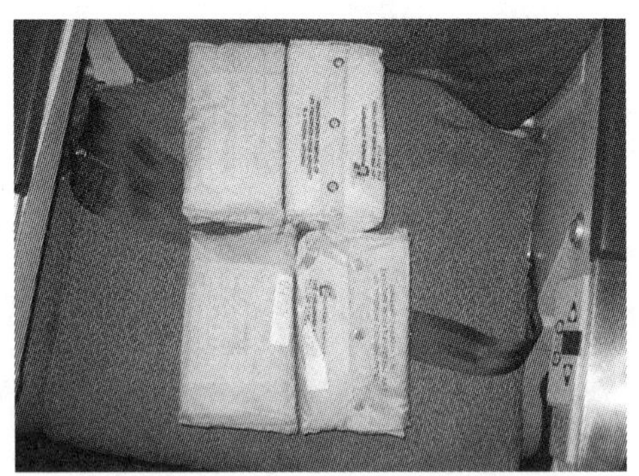

图 2—21　救生衣

七、门帘和隔板

B737 系列隔板用于分隔客舱内的各个空间，如公务舱和经济舱之间、前服务间和公务舱之间都是用隔板分隔的。有些隔板上配备有书报袋，可装报纸、杂志等物品。

每个舱位之间设置有一块门帘和隔板，起到隔离分舱作用。在隔板上有观察窗，便于乘务员观察客舱状况。前部第一排隔板上设有口袋及摇篮插孔，后部隔板上可悬挂固定应急设备。飞机起飞、下降、紧急撤离时需要将门帘收起并扣好。

图 2－22　门帘和隔板

八、婴儿摇篮

婴儿摇篮存放在前舱衣帽间内，在空中飞行时供婴儿使用。

婴儿摇篮使用方法：

①握住婴儿摇篮框架有插销的一边。

②将框架上的插销分别插入客舱壁板插孔内。

③撑开摇篮，使底部支架支撑在隔板上。

④ 在摇篮内铺上枕头或毛毯以及棉织物品。

注意：插销无论是插入还是拔出，都需要按住顶部释放按钮。摇篮插好后必须确认牢固完好。收回前必须认真检查有无乘客遗漏的物品，如奶瓶、奶嘴、婴儿玩具等。婴儿摇篮只能在飞机平飞后使用，下降前必须取下收回。

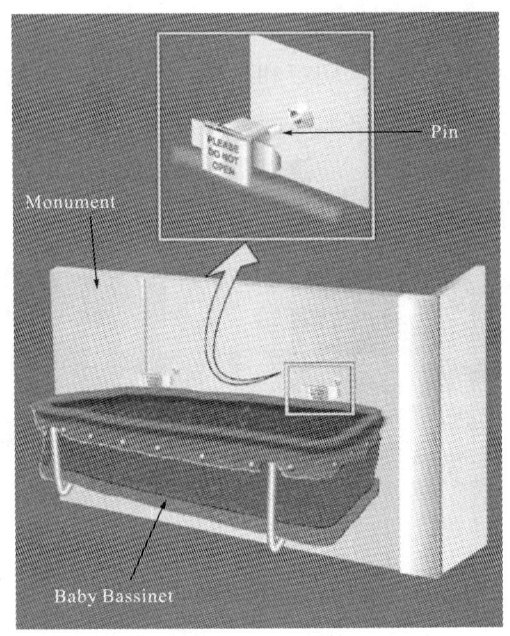

图 2—23　婴儿摇篮示意图

九、书报架

书报架是用来摆放机上阅读刊物的，乘客可自由选择；机上所有书刊要在乘客登机之前整理，整齐地摆放在书报架内。

十、衣帽间、储物柜

B737 系列衣帽间位于飞机的前半部，衣帽间一般分为两类：有门的衣帽间和无门的衣帽间。衣帽间里有照明灯，当客舱灯光提供的照明不足时，乘务员可以打开照明灯。衣帽间为头等舱乘客挂放衣物、存放婴儿摇篮使用；储物柜用来存放应急设备和服务用品。

注意：衣帽间及储物柜开启使用后一定要将门关闭并扣好。

图 2—24 衣帽间

十一、乘务员工作岗位

B737 系列的乘务员工作岗位位于前、后入口处，其设施包括乘务员控制面板、乘务员工作灯、耳机（话筒）和乘务员座椅，且每个乘务员工作岗位都有明显标记的应急设备和含有氧气面罩的一个服务单元。

（一）前乘务员控制面板

前乘务员控制面板位于飞机前舱入口处的壁板上，包括前自备梯控制开关、内话机（广播器）、入口灯开关、顶灯开关、窗灯开关、工作灯开关和地面服务灯开关等设施。

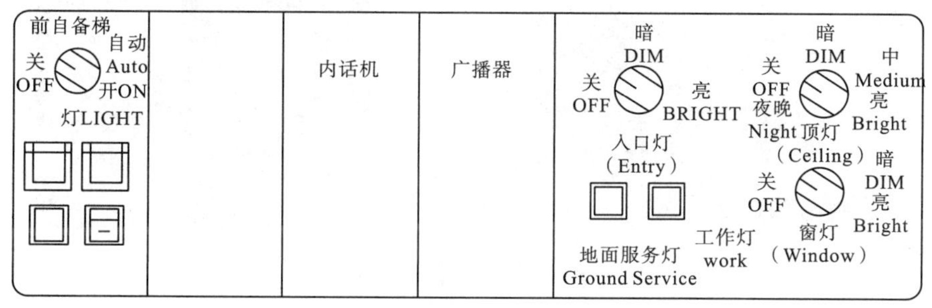

图 2—25 前乘务员控制面板示意图

（二）后乘务员控制面板

后乘务员控制面板位于飞机后舱入口处的壁板上，包括饮用水标志、垃圾系统标志、内话机（广播器）、入口灯开关、应急灯开关等设施。

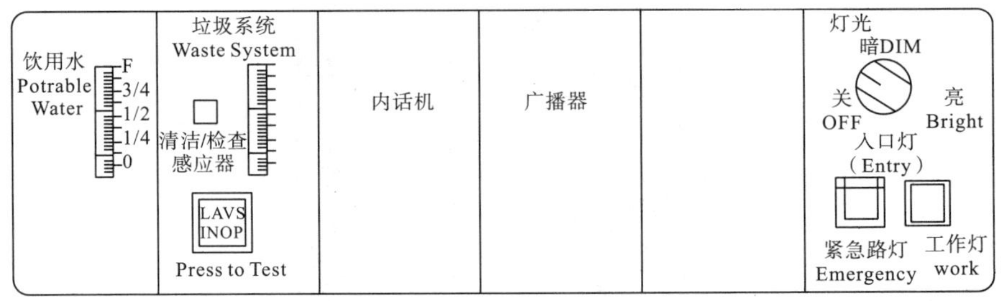

图 2－26　后乘务员控制面板示意图

（三）乘务员座椅

B737-800 型飞机共有 6 个乘务员座椅，均为双人座椅，由弹跳式座席、安全带、防冲撞头垫组成。乘务员在飞机起飞、下降、滑行时需要回到自己的座位上并系好安全带。

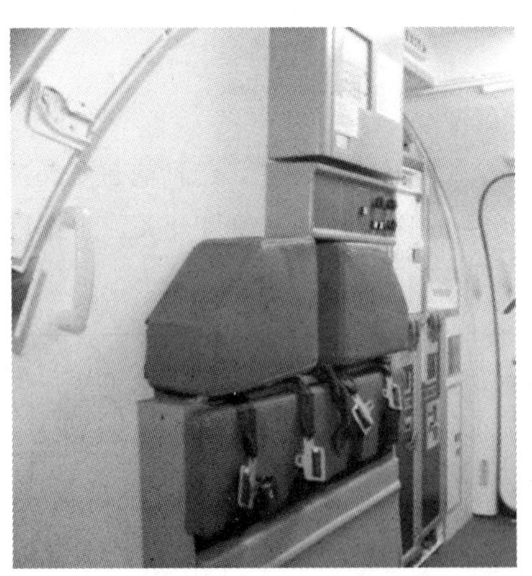

图 2－27　乘务员座椅

乘务员座椅配有安全带/肩带和一个柔软的头垫。肩带是一个惯性设备，座椅不用时会缩回原位。座椅的安全带/肩带可调节，锁口中有一个释放扳手，必须旋转 90 度才能放开。乘务员座椅是可回弹的，无人乘坐时会自动返回原位。

手电筒储藏在每个乘务员座椅下面或行李架上，从储存位置取下时会自动打开，电池不可充电。

第三节　厨房设备

B737-800 型飞机共有两组厨房，分别位于飞机的前部和后部。

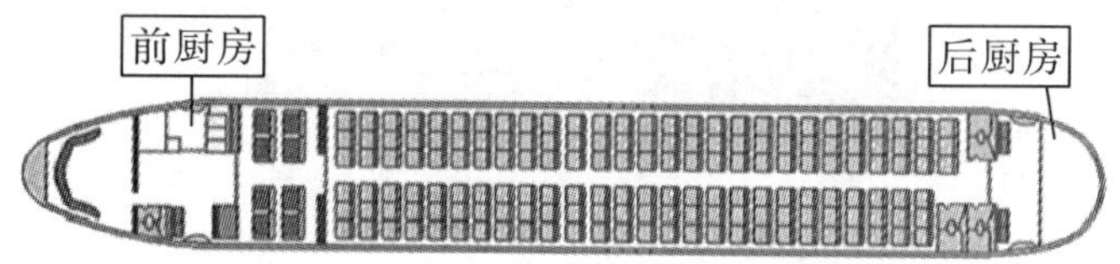

图 2－28　B737-800 厨房示意图

厨房内有一整套完整的供餐服务设施，如储物柜、备份箱、配电板、厨房灯、烤箱、煮水器、烧水杯、操作台、餐车、垃圾箱、水阀和水龙头等。

一、储物柜、备份箱

储物柜、备份箱位于前、后厨房上方，用于放置飞机上各类服务用具和供应物品，用完后要及时关闭储物柜门并扣好。

二、烤箱、烤炉架

随着波音公司不断研发新的产品，在 B737-800 型飞机上出现了新一代技术革新产品和设施如触摸式电子烤箱替代传统旋钮式烤箱，具有干烤和湿烤两种功能，体现了更加人性化的设计理念。

B737-800 型飞机前舱厨房服务间有三个烤箱，后舱厨房服务间有四个烤箱，都用来加热食品。

（一）触摸式电子烤箱

图 2—29　烤箱

1. 触摸式电子烤箱操作面板介绍

触摸式电子烤箱操作面板说明如下：

①HEATING TIME：加热时间设定及显示。

②SERVING TIME：预设的服务时间设定及显示。

③SET：时间锁定按钮。

④ON/OFF：电源开关及显示。

⑤TEMP：温度设定按钮。HIGH（高温）、MEDIUM（中温）、LOW（低温）。

⑥TIME SELECTOR：时间调节钮，可双向旋转。

⑦START：开始按钮。

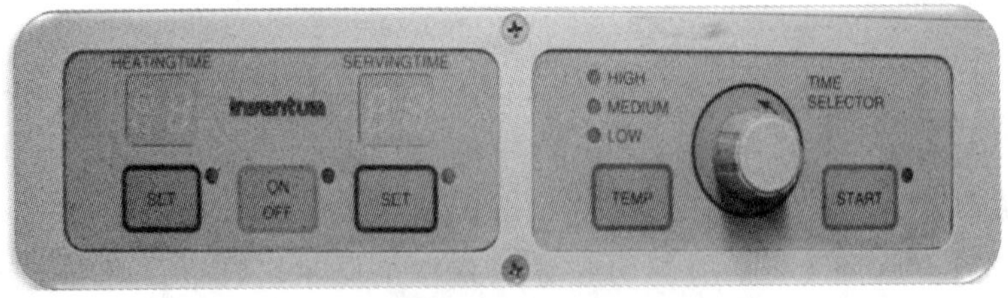

图 2—30　触摸式电子烤箱操作面板

2. 触摸式电子烤箱的使用方法

（1）直接加热

①打开电源开关，开关及中温指示灯亮，两个显示屏显示“00”。

②按温度设定按钮设定温度。

③顺时针方向旋转时间调节钮，（两个显示屏开始变化）直至达到所需加热的时间。

④按加热时间锁定按钮，指示灯亮。

⑤按开始按钮，加热圈开始加热，风扇开始运转。

⑥当时间倒计时至“0”时会发出“嘀、嘀……”声，所有指示灯亮起，显示屏闪烁，风扇停止运转，加热圈停止加热。

（2）预设时间

①预设服务时间是预定等待时间。

②当设定加热时间后，不按开始按钮，继续顺时针方向旋转时间调节钮，服务时间显示屏显示所需等待时间；服务时间应大于加热时间，最多为99分钟。

③按下服务时间锁定按钮，指示灯亮。

④按开始按钮，指示灯亮，服务时间开始倒计时，风扇运转1分钟后停止，证明烤箱工作正常。

⑤当服务时间与加热时间一致时，烤箱自动启动。

⑥当时间显示返回“0”时，风扇停止运转，加热圈停止加热，所有指示灯亮起，显示屏闪烁。

（二）蒸汽烤箱

1. 蒸汽烤箱操作面板介绍

蒸汽烤箱操作面板说明如下：

①预设服务时间：预定等待时间。

②电源开关。

③清除：清除显示屏上的数字。

④高温烘烤。

⑤中温烘烤。

⑥增加时间键。

⑦“准备就绪”指示灯。

⑧故障指示灯。

⑨减少时间显示键。

⑩低温烘烤。

图 2—31　蒸汽烤箱操作面板

2. 蒸汽烤箱的使用方法

（1）蒸汽烘烤

①将电源打开置于“ON”位置。

②用“MEDIUM”或“LOW”来设定烤箱温度。

③用“TIME △”或“TIME ▽”来设定烤箱使用时间。

④设定好温度，蒸汽烤箱将会自动工作。

（2）普通干烤

①将电源打开置于“ON”位置。

②如需预先设定烤箱时间，可按下“PRE SET”按钮，用“TIME △”或“TIME ▽”调整需要的预定时间。

③若不需要预定烤箱时间，直接用“MEDIUM”或“LOW”来设定烤箱温度。

④再用“TIME △”或“TIME ▽”来设定烤箱使用时间。

⑤按下“DRY HEAT”烤箱将倒计时，到“0”后，自动开始普通烘烤。

（3）预设时间

①将电源打开置于“ON”位置。

②预先设定烤箱时间，按下“PRE SET”按钮。

③用“TIME △”或“TIME ▽”设定需要的预定时间。

④用“MEDIUM”或“LOW”来设定烤箱温度，此时预设时间自动锁定。

⑤再用“TIME △”或“TIME ▽”来设定烤箱使用时间。

⑥再次按下设定的温度，烤箱就开始倒计时，数字到“0”时，蒸汽烤箱自动开始工作。

（三）烤炉架

每个烤箱内有一套可以随时移动的拿取烤箱内热食的烤炉架，如下图所示。烤箱内共有 7 层或 8 层，每层可摆放 4 份餐食，每个烤箱内可以装 28 份或 32 份餐食。烤箱内有网状铁壁隔开餐食。

图 2—32　烤炉架

注意：每次加热之前，必须确认烤箱内除餐食外无其他物品。严禁将烤箱当储物柜使用，严禁将纸、布、塑料等制品放入烤箱（纸、布等制品易燃，塑料在高温下会释放出有毒物质）。烤箱内无热食时不可空烤。烤箱门一定要关好，防止餐食掉出或水汽、热气散失。在通常情况下，将加热温度设定在 MEDIUM 档。如餐盒内有干冰，必须将干冰取出后再加热。当烤箱内放满餐食时，要注意小心开门，以防餐食滑落。飞机起飞、下降过程中不能启动烤箱。

三、煮水器

飞机上的前、后厨房内备有两个以上的煮水器，可将冷水加热到88℃，满足乘客在飞机上喝咖啡、饮茶的需求。

1. 煮水器面板介绍

煮水器的操作面板说明如下：

①工作指示灯：橘红色。

②无水指示灯：红色。

③水龙头：出水口有过滤网。

④电源指示灯：橘红色。

⑤电源开关：肘节式开关ON/OFF。

⑥放水阀：飞机在地面过夜停留时，为防止水箱冻裂，需要把水箱内的水放尽。

图 2-33　煮水器

图 2-34　煮水器面板

2. 使用方法

①打开水龙头检查是否有水。

②将电源开关调至“ON”的位置。

③等待工作灯亮起即可使用。

注意：严禁空烧，打开电源开关前要进行放水确认。连续接水要关注煮水器工作指示灯，一旦熄灭，就要停止使用。

四、烧水杯

烧水杯可以将煮水器内热水加热到 100℃。

1. 烧水杯主要配件

①烧水杯电源插座。

②定时器开关。设置时间为 0～15 分钟，采用肘节式或按键式开关。

③工作指示灯。

2. 使用方法

①用烧水杯接 70%～80%容量的水。

②插在电源插座上。

③压下锁扣，将烧水杯锁住。

④旋转定时器开关或打开控制板上的电源开关，琥珀色开关指示灯亮起。

⑤水开后，定时器显示“0”或关闭电源。

⑥向上推起锁扣将烧水杯拔下。

注意：严禁空烧。盛水不宜过多或过少。先固定好烧水杯，再打开电源开关。先关闭电源开关，再拔下烧水杯。

五、煮咖啡器

饮用咖啡的习惯来自西方，现在已经传播到全世界，被大众广泛接受，甚至成为大多数人特别是年轻人喜欢的饮品之一。在飞机上为乘客制作一杯可口的咖啡，除了要掌握好它的浓度、配料、水温等，还需要正确使用制作咖啡的设备。

1. 煮咖啡器主要配件

①电源开关 ON/OFF（红色）。

②煮咖啡开关 BREW（绿色）。

③加温盘开关 HOT PLATE（橙色）。

④热水放水开关 HOT WATER（黄色）。

⑤补水开关 BY PASS（白色）。

⑥咖啡盒及咖啡壶锁定手柄。

⑦热水出口。

⑧加温盘。

⑨咖啡壶。

⑩咖啡盒。

图 2—35　煮咖啡器

2. 使用方法

(1) 煮咖啡

①打开电源开关，指示灯亮。

②提起锁定手柄，取出咖啡盒，放入袋装咖啡，放回咖啡盒。

③取下咖啡壶，确认壶内干净无水后放回。

④压下锁定手柄。

⑤按下煮咖啡开关，指示灯亮。

⑥待指示灯熄灭后，咖啡即煮好。

⑦如水量不够，可按住补水开关加水至适当水量。

⑧如需保温，可打开加温盘开关，指示灯亮，加温盘会加热至 80℃。

（2）烧热水

①打开电源开关，指示灯亮。

②热水放水开关指示灯亮后，热水即烧好。

③按住热水放水开关，热水从热水出口流出。

注意：煮咖啡后，应将咖啡包取出，并清洗咖啡盒及咖啡壶。当加温盘上没有咖啡壶或咖啡壶空置时，禁止打开加温盘开关。加温盘上严禁放置咖啡壶以外的其他物品。当加温盘上没有咖啡壶时，不要按补水开关。控制每次热水用量，以一壶为宜，最多不得超过两壶。避免长时间打开而不放水，使咖啡机内部产生水蒸气而造成空烧。

六、餐车

根据飞机座位数量及最大航程距离，配置对等餐车数量，可供乘客在空中用餐。每一台餐车有 14 层冷盘，每层可摆放 3 份普通舱餐盘，每台车可以装载 42 份餐食。很多航空公司除了用餐车配装食品，还用来放置饮料、机上销售物品或其他服务用品。

餐车大致可分为两种：长车和对半车。在飞机上都设置有相对应的固定餐车车位。

图 2－36　餐车

1. 餐车主要配件

①手柄：用来拉动餐车。

②标志牌栏：说明装载物品内容。

③餐车门锁：固定餐车门。

④刹车板：刹车（红色），解除刹车（绿色）。

⑤干冰盘：放置干冰，对餐食制冷。

2. 使用方法

①供餐时要提前将干冰盘内的干冰拿出。

②餐车上面摆放的餐食或饮料不宜过高，防止烫伤。

③供餐时要先在厨房将餐车的门锁打开，便于抽取餐盘。

④推拉餐车进入客舱时应注意控制餐车行进方向，切勿碰撞到乘客。

⑤服务期间要注意踩住刹车。

⑥回到厨房要立即将餐车归位并关好车门，踩住刹车，扣好锁扣。

⑦飞机起飞、下降、遇有颠簸时应立即停止工作，将餐车归位，关好车门，踩住刹车，扣好锁扣，固定好餐车。严禁将餐车外放。

【案例 2-2】

厨房餐车未固定造成伤害（厨房）

2004 年 10 月，CA1590 航班在上海虹桥机场起飞，“系好安全带”灯刚刚熄灭，但飞机还在上升阶段。这时，负责后厨房工作的 5 号乘务员开始起身做供应餐食准备，突然厨房一部餐车冲出，撞伤 5 号乘务员的腰部。

点评分析：

（1）空中工作毕竟不同于地面，乘务员在日常工作中受到一些磕碰在所难免。但是，餐车冲出撞伤乘务员不是简单的磕碰，一旦餐车冲进客舱，后果更是不堪设想。

（2）分析问题原因。机上餐车刹车装置和厨房安全锁扣的设计，是符合适航安全标准要求的。只要按规定正确地使用设备，餐车撞伤人事件是完全可以避免的。

（3）问题的发生告诉我们，安全是第一生产力，是企业的生命线，不能含糊大意。所有安全规定都是有科学依据的，尤其是对厨房设施，更需要认真检查，严格按标准执行。另外，客舱设备的完好与否直接关系着设备能否正常安全运行。一旦发现故障，乘务员务必及时报告乘务长并采取相应的措施。

七、垃圾箱

在厨房两侧设有垃圾箱，用来放置垃圾和杂物。飞机到站后地面清洁人员负责清理垃圾箱并更换垃圾袋。

注意：切勿将液体或易腐蚀物体倒入垃圾箱。

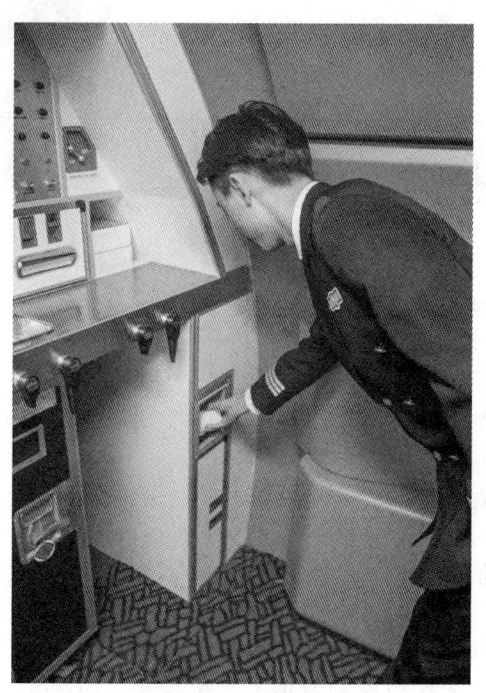

图 2－37 垃圾箱

八、厨房配电板

1．配电板介绍

每一个厨房里的电气设备都有与之相对应的保险装置，当厨房某一个电气设备发生故障时，相对应的保险装置会跳出，俗称“跳闸”。在使用过程中一旦发生此现象，乘务员可以按下保险按钮重新启动该设备；如果保险装置再次跳出，要立即停止使用并报告乘务长。

2. 厨房灯光

厨房灯光开关均设在厨房配电板上。厨房灯可分为台面灯、工作灯和顶灯，应按照相关规定，根据不同的飞行时间段正确使用厨房灯光。

图 2－38　厨房灯光

3. 厨房灯光使用方法

①乘客登机、下机时，打开顶灯。

②飞机起飞、下降期间，打开工作灯。

③起飞后、工作期间，打开顶灯。

④夜航飞行值班期间，打开台面灯。

九、冷风机

①启动冷风机可以给餐食降温，冷风温度在 5℃左右。

②冷风机的开关在厨房配电板上，工作指示灯为琥珀色，超温指示灯为红色。

③冷风机工作时间过长，温度过高，超温指示灯亮起，电源会自动切断。等冷风机降温后，重新启动即可。

十、水系统设备

水系统设备由水管、水开关、水阀开关和积水槽组成。

在前、后厨房配电板附近分别备有独立水阀开关，均有明显标识和使用说明。当水系统设备出现漏水现象时，应及时关闭厨房内相应的水阀。

前、后厨房各有一个冷水管，用于清洗物品；冷水管下方的积水槽可用于排水。禁止向积水槽内倾倒牛奶、果汁、咖啡等液体，以防堵塞。

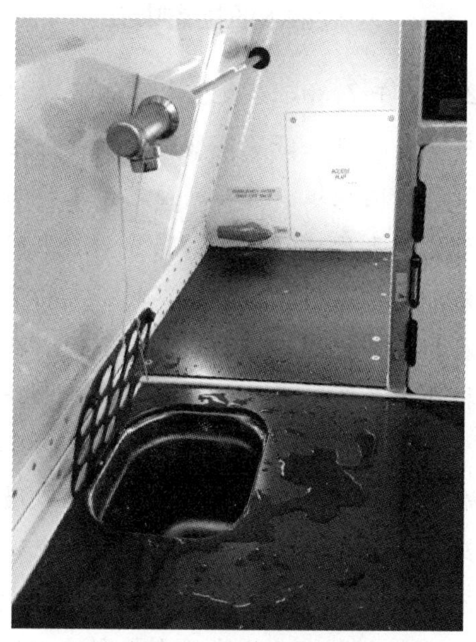

图 2－39 积水槽

十一、使用厨房设备注意事项

①严格按照操作要求使用厨房设备，在飞机起飞、着陆时必须将所有的厨房电源关闭；按照装机图和物品摆放位置的要求，放置供应品和食品。

②不要把塑料、纸类、棉织品等物品放在烤箱和保温箱内。

③厨房内餐车、储藏箱、柜门用后应随手关闭并扣好，注意轻开、轻关。

④乘务员工作中应做到冷、热食品和用具分开，食品干净卫生，冷热

分明。切勿将油状液体（色拉油）、牛奶、果汁等倒入水池，应保持下水道畅通，池内无杂物。

⑤保持厨房内冰箱、烤炉架、保温箱、储藏室用具干净、无污渍，台面、地面整洁。根据所飞往国家的要求，对垃圾进行分类投放。

⑥使用厨房用具、设备要轻拿、轻放。

【案例 2—3】

一股浓浓的烧焦味道

2013 年 12 月 2 日上午 7:30，某航空公司乘务组执行上海—北京航班任务。乘务员在直接准备阶段做好了各项服务准备，包括为乘客提供一顿早餐。由于此航班飞行时间较短，乘客满座，为了节约空中时间，乘务员在地面就把热食烤好，起飞后可直接提供服务。当乘客登机完毕，乘务员准备关闭舱门的时候，突然闻到了一股刺鼻的烧焦的味道，顿时想起烤箱内的热食，走进厨房就看到一个烤箱缝隙处正冒出浓烟。乘务员迅速关闭电源，并且打电话报告乘务长。另一名乘务员快速取来海伦灭火瓶。乘务员观察了十秒后，发现已经关闭电源的烤箱还在冒烟，立即打开烤箱灭火。在打开烤箱的刹那间，本处于封闭状态的烟雾，遇到氧气就燃起了火苗。乘务员马上用灭火瓶进行喷射，直至将火苗扑灭。

得到消息的航空机务人员来到厨房，将燃烧过的烤箱卸下进行检查，经确认不是电源短路造成火灾，而是烤箱内餐食流出的油渍积累过多，清理不及时，在高温状态下被烤糊引燃。

点评分析：

经过这起事件，该航空公司迅速采取了防范措施。

①航空机务对所有的飞机烤箱进行全面检查，排除可能存在的隐患。

②由清洁队安排，定期对所有烤箱内部认真清洁。

③要求食品公司为机上配备的热食，尽量减少过油或过多汤汁。

④厨房乘务员登机后检查烤箱，查看是否有油渍积累。

练习题：

1. B737-800 型飞机共有几个厨房？厨房内有哪些设备？
2. 请写出使用烤箱直接加热的程序。
3. 什么是烤箱预设时间？使用烤箱时应注意什么？
4. 什么是烤炉架？每个烤箱内可以装满多少份热食？
5. 煮水器的使用程序是什么？有哪些注意事项？
6. 使用烧水杯的注意事项有哪些？
7. 请写出餐车上的刹车板、干冰盘的作用。使用餐车时应注意什么？
8. 厨房配电板保险装置的作用是什么？
9. 为什么厨房积水槽内禁止倒入牛奶、果汁等液体？

第四节 卫生间设备

B737-800 型飞机共有四个卫生间，其中一个位于客舱前部，供头等舱乘客和机组人员使用；另外三个位于客舱后部，供经济舱乘客使用，其中一个供残疾人使用。

一、卫生间设备介绍

B737-800 型共有四个卫生间，内设有婴儿折叠板、残疾人扶手、垃圾箱、“请回座位”信号牌、呼叫按钮、电源插座、镜子、服务标示牌等设施。

图 2—40 卫生间位置示意图

二、卫生间服务用品介绍

1. 卫生用品

卫生用品有擦手纸、卫生纸、洗手液、马桶垫纸，卫生用品存放盒内有呕吐袋、卫生巾、消毒纸巾和一次性手套等。

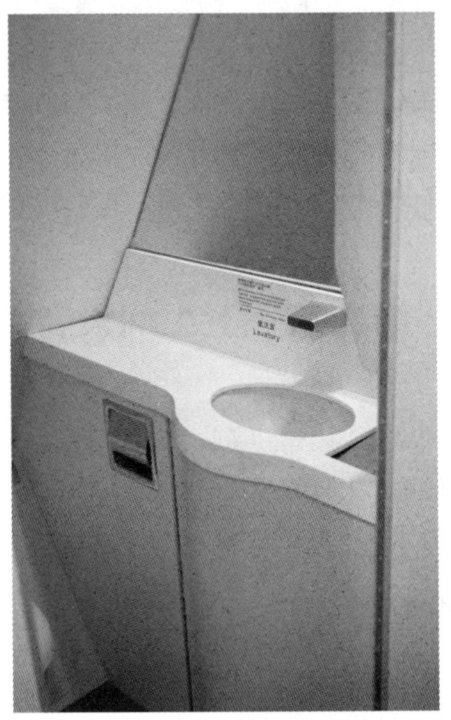

图 2—41　卫生间

2. 化妆用品

化妆用品包括香水、润肤霜、润肤水。

三、马桶

卫生间配备高压抽气式马桶。马桶由马桶盖、马桶坐垫、冲水按钮和关闭水阀开关组成。

操作方法：按下“PUSH”键马桶会自动抽气。

马桶故障排除：马桶底部有一个关闭水阀，当马桶不能抽气而马桶水不停注入时，向外拉动就可以关闭马桶供水手柄，停止注水。

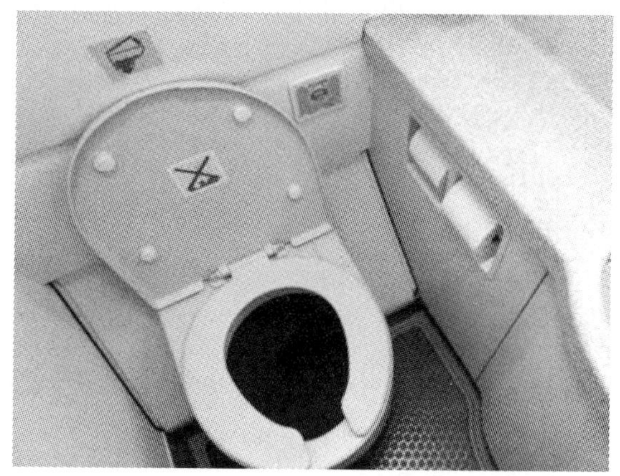

图 2—42 马桶

注意：不能将纸巾、毛巾、清洁袋等物品投入马桶内。

四、卫生间热水器

1. 水龙头

水龙头设有温度调节按钮，蓝色为冷水，红色为热水。

2. 洗手盆

有冷、热水龙头和放出洗手盆内积水的积水钮。

洗手水来自飞机水箱。

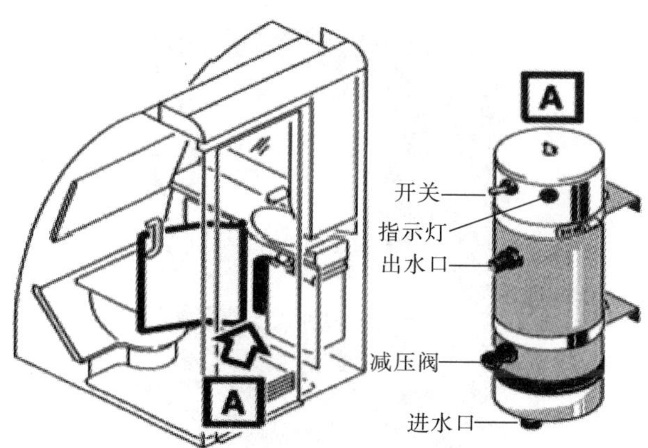

图 2—43 卫生间热水器

3. 加热器

加热器位于洗手盆下部的供水管上。可将冷水加热至 52℃～56℃。

（1）设施

①肘节式开关（ON/OFF）。

②琥珀色指示灯。

③内部有自动恒温器。

（2）使用

①由地面机务人员打开。

②如自动恒温器发生故障，水温超过 88℃时，热水器将自动断电。如乘务员发现洗手水过热，应立即关闭。

③新型飞机卫生间洗手池水的龙头是感应式的，伸手就会有水流出，其水温已自动调至与人体体温相近，很人性化。

五、垃圾箱

垃圾箱位于洗手盆下方，投入口在洗手盆旁。

严禁向垃圾箱内投入烟头。

六、自动灭火装置

每个卫生间的洗手池下方备有一个自动灭火器，通过一个或两个热启动喷嘴喷出海伦灭火剂。热启动喷嘴对准垃圾箱。

图 2–44　自动灭火装置

温度指示器位于每个洗手池下方的垃圾箱处。当温度达到 77℃～79℃时，指示器上的白色圈点会变黑，灭火器便开始工作。

八、卫生间呼叫

卫生间内设有呼叫按钮，一旦有人呼叫，从外部可以听到一声单高谐音，同时卫生间外部壁板上的琥珀色信号灯亮起，提醒乘务员卫生间内有人呼叫。

解除呼叫方法：按一下卫生间外部壁板上琥珀色信号灯或进入卫生间重按呼叫按钮即可。

图 2—45　卫生间呼叫按钮示意图

九、卫生间服务标识

卫生间内有很多服务标识，用于提示乘客正确使用卫生间设备。

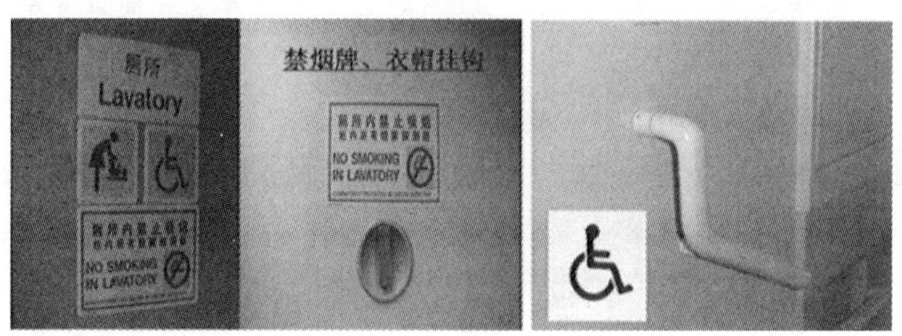

图 2—46　卫生间服务标识

十、卫生间门

在空中飞行期间，进入卫生间后，顶灯会亮，镜灯不亮。但是，当插好门后，镜灯会自动亮起。因此，空中卫生间的镜灯开关，是受门控制的。而飞机在地面停留期间，镜灯开关不受门控制，始终和顶灯一样是亮的。

如果有人被反锁在卫生间内，乘务员可用尖锐物品从外部打开门。

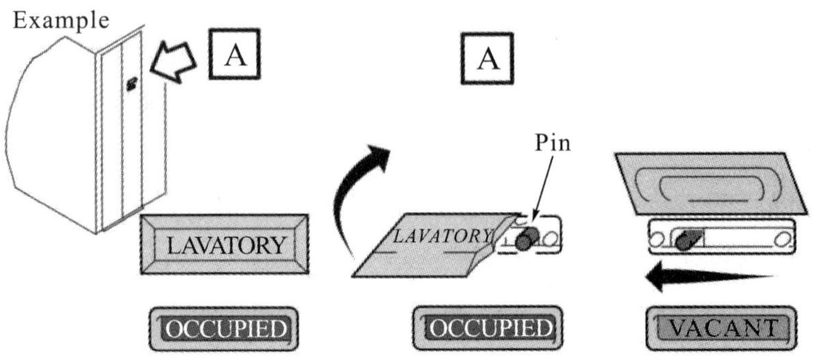

图 2—47 打开反锁卫生间门示意图

【案例 2—4】

某乘客使用卫生间多次向外推门却打不开，误认为门锁有问题。乘务员发现后未询问，也没有敲门，就直接帮助乘客从外部开门，致使乘客曝光，愤怒投诉。

点评分析：

（1）这是一起因使用卫生间而引发的投诉。从乘务员的思路出发，一是误认为乘客着急不会打开门，二是担心乘客可能在卫生间里发生意外。乘务员本意是好的，但是由于失礼而引发了投诉。

（2）虽然乘务员在工作中安全意识与服务意识较强，但在处理方法上欠周到、细致，未能及时发现卫生间的门处于非正常状态时，并采取措施予以解决，造成后来乘客使用卫生间时打不开门；更不应该在不敲门、不询问的情况下，直接把门打开，致使乘客被曝光而愤怒投诉。

（3）分析问题。这件事说明乘务员缺少基本的礼仪常识，对乘客的隐私缺少尊重。正确的做法是先在外面敲门，并大声询问是否需要帮助，征得乘客同意后，再从外面帮助乘客开门。这是乘务员必须具备的基本素养。

十一、烟雾探测器

每个卫生间的天花板都装有烟雾探测器。防止乘客在卫生间因吸烟引发火灾。当卫生间烟雾达到一定浓度或温度上升到一定热度时，报警器会自动报警，连续地发出急促的“嘀、嘀……”声，报警器上的红色报警指示灯闪亮时，说明该卫生间有问题，提示乘务员要查明原因。

解除报警声，要从烟雾清除开始，直到红色报警灯自动熄灭为止。

图 2—48 烟雾探测器

练习题：

1. B737-800型飞机共有几个卫生间？请画出客舱平面图并标明卫生间的数量和位置。

2. 卫生间洗手热水由哪里提供？水温可以加热到多少度？一旦超过设定温度后要如何处理？

3. 如何判断卫生间内有人呼叫？解除卫生间呼叫的方法有几种？

4. 卫生间内自动灭火装置安装在何处？

5. 卫生间烟雾探测器装置安装在何处？其作用是什么？

6. 如何正确使用卫生间内垃圾箱？

7. 马桶发生故障时应如何处理？

8. 如果有乘客被锁在卫生间内，乘务员应如何处置？

第五节 舱 门

B737-800 型飞机共有四个舱门和四个应急窗。

在正常情况下，左侧舱门供乘客上下飞机时使用，右侧舱门为服务门，供对接餐食车、货车等使用。

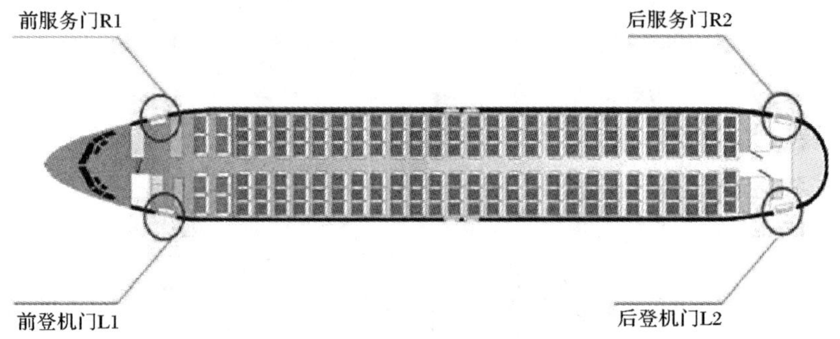

图 2—49 舱门示意图

一、舱门结构

1. 舱门组成

B737-800 型飞机的舱门是由滑梯红色预位警示带、观察窗、舱门手柄、滑梯压力指示表、滑梯包、滑梯杆、滑梯挂钩、地板支架、舱门辅助手柄及辅助手柄等组成。

2. 设备功能介绍

（1）滑梯红色预位警示带

滑梯红色预位警示带用于确认滑梯杆和地板支架是否连接。

（2）观察窗

观察窗用于观察飞机外面的情况，从而确定是否可以打开舱门。

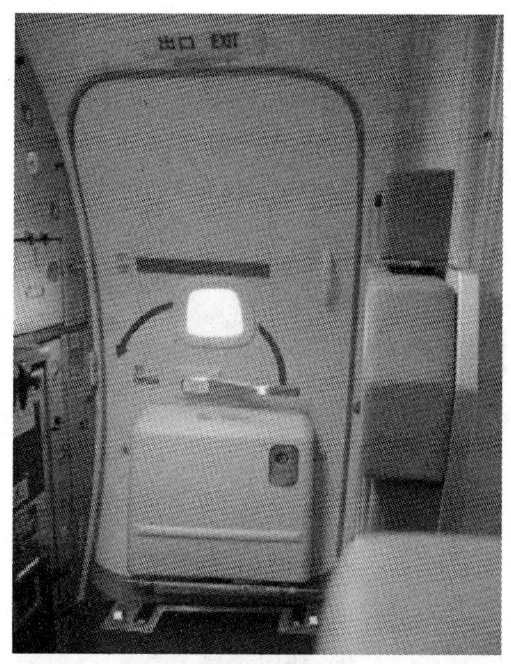

图 2-50　观察窗

（3）舱门手柄

开启或关闭舱门的手柄。

（4）滑梯压力指示表

滑梯充气是由一次性气瓶向内充气，气瓶上有一个压力表，在正常情况下指针应指向绿色区域。

（5）滑梯包

在滑梯存放处。

（6）滑梯杆

使滑梯充气或解除滑梯充气的操作杆。

（7）滑梯挂钩

滑梯杆挂在挂钩上，滑梯不会充气。

（8）地板支架

滑梯杆与地板支架连接的固定装置。

注意：滑梯杆与地板支架相连时，红色预位警示带斜挂在观察窗处；滑梯杆挂在挂钩上，红色预位警示带平行于观察窗上方。

3. 阵风锁

每一个舱门门框内都备有阵风锁装置。其作用是当舱门向外打开后，能起到固定舱门的作用，防止舱门移动，受到损坏。

关闭舱门时需要一边按住阵风锁，一边向内拉动舱门手柄。

图 2－51　阵风锁

4. 阻拦绳

阻拦绳位于每个舱门左侧的门框内。

打开舱门后，当外界没有任何衔接物时，需要拉出、挂好阻拦绳，起到安全警示的作用，防止有人坠落机外摔伤。

二、滑梯操作

1. 滑梯预位

①将滑梯预位警示带斜扣在观察窗前。

②将滑梯杆从舱门滑梯包的挂钩上取下，扣在地板支架内。

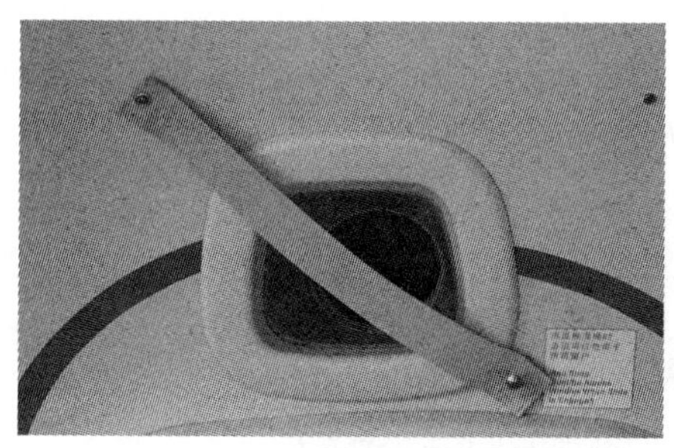

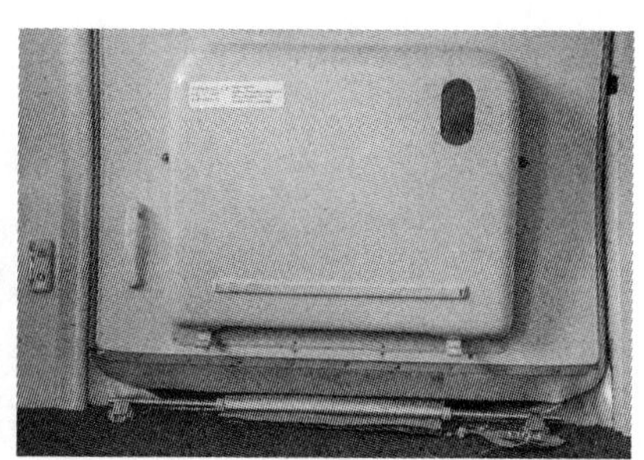

图 2—52 滑梯预位

2. 解除滑梯预位

①将滑梯杆从地板支架上取出，挂在舱门滑梯包的挂钩上。

②将滑梯预位警示带平扣在观察窗上方。

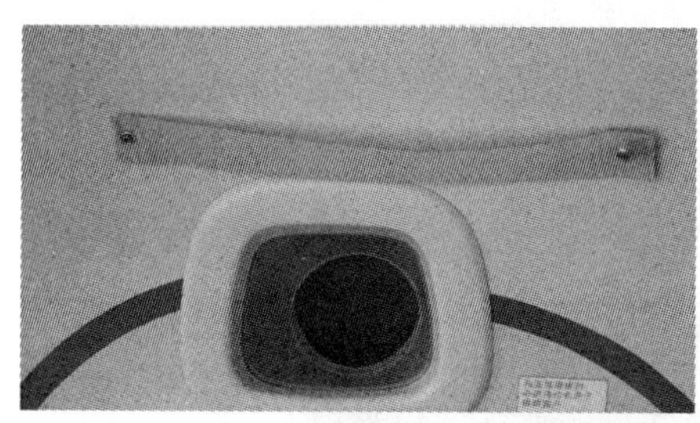

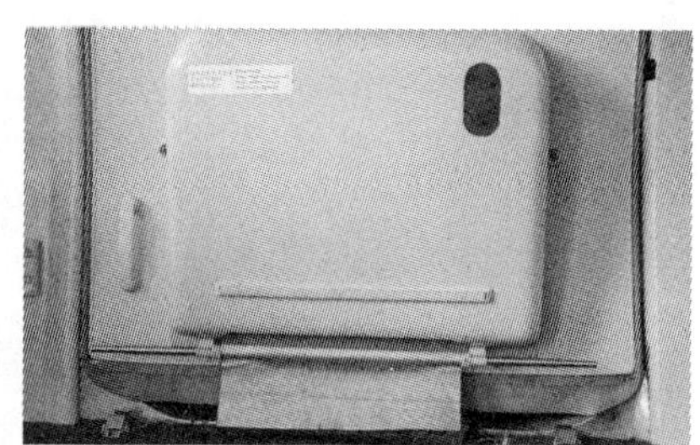

图 2—53 解除滑梯预位

三、舱门操作

①确认滑梯杆挂在舱门滑梯包的挂钩上。

②观察、确认舱门外无障碍物。

③按箭头指示方向，转动舱门手柄 180 度至水平位置。

④向外推动舱门，直至被阵风锁锁住。

四、从内部关闭舱门

①向下按住阵风锁。

②握住舱门辅助手柄，将舱门拉至舱内。

③反方向转动舱门手柄 180 度至水平位置，将舱门关好。

④检查舱门关闭状况。

⑤确认舱门周围没有任何杂物。

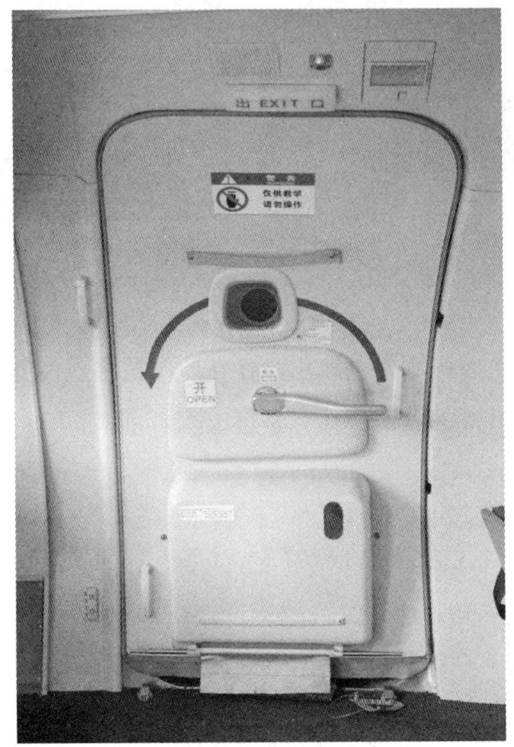

图 2-54　从内部关闭舱门

五、从外部打开、关闭舱门

1. 从外部打开舱门

①确认舱门外无障碍物。

②从观察窗处确认滑梯预位警示带没有斜挂在观察窗前。

③向外拉出外部控制手柄。

④将手柄沿 OPEN 方向旋转 180 度。

⑤将舱门向机头方向拉到全开位置，直至被阵风锁锁住。

2. 从外部关闭舱门

①将阻拦绳收回。

②确认舱门内外无障碍物。

③按下阵风锁，待舱门拉动后再放开。

④将舱门推回至舱内。

⑤将舱门外部控制手柄拉出，反方向旋转 180 度，将舱门关好，将手柄复位至与舱门平齐。

⑥检查舱门关闭状况，确认舱门没有夹任何杂物。

六、滑梯预位与解除预位在飞行中的作用

将滑梯操作到预位状态是为了一旦发生紧急情况，打开舱门滑梯会自动充气（5~7 秒内），乘客可以通过滑梯迅速逃生。

在正常情况下，飞机落地停稳后，需要解除滑梯预位，否则打开舱门滑梯会自动充气，如果舱门外面有人站立则会直接造成人员伤亡，同时造成航班延误，给航空公司带来重大经济损失，并造成不良的社会影响。

在航班飞行中，每一位成员必须养成服从命令、听从指挥的习惯，严格遵守航空公司的安全规定，按照乘务长口令进行操作，做好滑梯预位和解除滑梯预位工作，切不可擅自行动。

每一次操作完毕，都必须严格履行互相检查制度，杜绝安全隐患。

飞机到达停机位，“系好安全带”指示灯熄灭后，乘务长通过客舱广播下达“解除滑梯预位”指令；各号位乘务员依照乘务长指令“解除滑梯预位”，相互检查，报告机长并得到许可后方可打开舱门，确认飞机与客梯/廊桥对接好，再通知乘客下机。

【案例 2—5】

某航空公司乘务组执行三亚—北京的航班任务。当飞机落地后还未完全停稳，“系好安全带”信号灯尚未熄灭，2 号乘务员擅自提前解除了滑梯预位，进入客舱，归还替乘客保管的物品。这时乘务长下达“解除滑梯预位”指令，见 2 号乘务员没有在位，就急忙到对面帮助她操作了滑梯。当乘客完全下机后，装卸食品的地面工作人员敲响了 R1 门。2 号乘务员急忙赶过去开启舱门，这时听到一声长长的充气声，滑梯被迅速充气后展开，见到此情景，2 号乘务员完全惊呆了！“为什么？这到底是怎么了？”

点评分析：

（1）由于2号乘务员安全意识淡薄，违章操作造成滑梯充气，使航班延误，旅客滞留，影响恶劣，航空公司也因此受到严重的经济损失。

（2）1号乘务长和2号乘务员对此事要承担全部责任。

（3）1号乘务长对2号乘务员的工作未进行监督、提醒与制止。

（4）乘务员应时刻遵守《舱门操作规定》，按照乘务长指令操作；开启舱门之前必须确认滑梯预位警示带在解除预位状态。

（5）收到外部对接飞机信号，乘务员应再次确认舱门滑梯状况，并且与另一名乘务员相互检查后才能打开舱门。

【案例2-6】

对滑梯非正常充气的综合分析

滑梯非正常充气是客舱安全管理工作的大敌，也是客舱安全管理部门长期以来最为关注的问题。为了使此问题得到有效的遏制，各航空公司不断地推出整改工作规范和操作舱门规范等措施。

自1981年以来，曾经多次发生乘务员操作失误导致滑梯非正常充气的事件。以下是对发生此类事件的原因进行的归纳和分析，并在此基础上进一步完善了分离器管理的有关规章。

点评分析：

（1）历史回顾与分析

1981年5月12日，发生第一起有记录的滑梯非正常充气事件。当时的航班安全管理很不规范，甚至在一些机型上没有硬性要求必须规范操作分离器。

①从发生充气事件的机型来看：B777型飞机，共发生3起；B747型飞机，共发生19起；B767型飞机，共发生6起；B737型飞机，共发生4起。

数据显示，B747型飞机由于门区较多，参与的乘务员的人数也较多，分离器操作程序相对复杂，因此大型飞机的分离器规范操作更应引起重视。

②从发生充气事件的门区来看：L1 门，16 起；L2 门，2 起；L4 门，7 起；其他门区，7 起。

数据显示，由于 L1 门是旅客上下飞机的主要舱门，开启的频率是最高的；但是，L1 门也是带班乘务长所在的门，处在带班乘务长的直接管理和监督之下，最不应该出问题。因此，滑梯非正常充气事件与带班乘务长有直接责任关系。

③从事件的直接责任人来看：带班乘务长，12 人次；区域乘务长，6 人次；乘务员，44 人次。

④从事件发生的时间来看：20 世纪 80 年代共发生 11 起，20 世纪 90 年代共发生 23 起。

(2) 操作口诀及发生事故的原因

操作分离器的口诀：“一口令，二操作，三自查，四互检，两人确认再开门。”

任何问题的发生都不是偶然的，根据英国曼彻斯特大学李森博士 1991 年提出的航空事故序列模型，事故的发生一定是一连串的违规操作所致，任何一次滑梯充气事件必然是乘务员在某一个或几个环节违反了相关规章造成的。

应急救生滑梯简称滑梯，由滑梯、充气瓶、连杆和操作手柄等组成，折叠后安装在客舱门、应急门内部。当飞机在地面进行维护时，滑梯操作手柄放在解除预备位置，打开舱门时滑梯不会被放出；当飞机开始滑行时，由乘务人员将滑梯操作手柄放在预备位置；当飞机遇到紧急情况时，乘务人员打开舱门的同时滑梯会自动冲出舱外，在几秒钟内完成充气过程，方便乘客和机组人员逃离飞机。

释放出滑梯，对飞机本身没有损害，但是，其后果仍比较严重：第一，延误航班，而延误时间超过 4 小时，航空公司就要赔偿旅客；第二，滑梯修复期间没有滑梯的机舱门不能使用，也就意味着航空公司需要减少承运的旅客；第三，重新折叠滑梯需要不菲的费用。

练习题：

1. 如何操作 B737-800 型飞机滑梯红色预位警示带？

2. B737-800 型飞机阵风锁的作用是什么？

3. B737-800 型飞机舱门观察窗的作用是什么？

4. B737-800 型飞机从内部打开舱门的步骤是什么？

5. 阻拦绳的作用是什么？如何使用？

6. 请写出 B737-800 型飞机操作滑梯预位方法。

7. 正常关闭舱门的操作程序是什么？

第六节　乘务员控制面板

B737-800 型飞机共有两块乘务员控制面板，分别位于机舱 L1 门和 L2 门处。根据客舱环境的需要，可以通过面板上的按键对客舱的娱乐系统、灯光系统、供（排）水系统、应急灯等进行调控。新型 B737-800 型控制面板为触摸式。

一、L1 门控制面板

L1 门控制面板位于前舱乘务员座位上方，备有 737-800 型自备梯控制系统、娱乐系统和客舱灯光控制系统。

图 2—55　L1 门控制面板

1. 自备梯照明开关

黑色旋钮为自备梯照明开关，共有三个档位，即“开”“正常”和“关”，通常放在“正常”位置。

当自备梯放出时，阶梯灯开始照明，乘客可以安全下机；当自备梯收回时，阶梯灯会自动熄灭。

2. 娱乐系统

当客舱播放电影时需要开启娱乐系统开关，乘客手中的耳机才会有声音。

3. 客舱灯光控制系统

(1) 入口灯（ENTRY LIGHT）开关

入口灯分为 BRIGHT（亮）、DIM（暗）、OFF（关）三档，旋转调节开关，用于前登机门照明。

(2) 客舱顶灯（CEILING LIGHT）开关

客舱顶灯分为五个档位：

夜间（NIGHT）：位于行李架顶部的白炽灯亮，这是灯光亮度的最低档。

关（OFF）：天花板灯光关闭。

暗（DIM）：最低档，10%的亮度。

中（MEDIUM）：中档，50%的亮度。

亮（BRIGHT）：最高档，100%的亮度。

(3) 客舱窗灯（WINDOW LIGHT）开关

客舱窗灯分为三个档位：

关（OFF）：关闭所有窗口灯。

暗（DIM）：最低档，10%的亮度。

亮（BRIGHT）：最高档，100%的亮度。

(4) 工作灯（WORK LIGHT）开关

工作灯为乘务员工作区域照明，按压调节即可。

(5) 地面电源开关

地面电源开关为地面机务人员使用，乘务员登机后需要确认其在"OFF"位置。

二、L2 门控制面板

L2 门控制面板位于后舱乘务员座位头顶上方，上有饮用水系统、污水系统、灯光控制系统等。

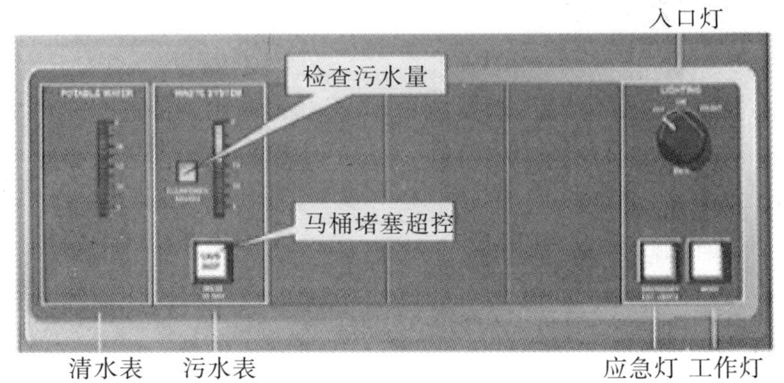

图 2－56　L2 门控制面板

1. 饮用水系统

飞机上的清水是经过滤后用压力泵输送到厨房和卫生间（洗手盆）使用。可用液晶显示表来查看清水的水量情况，“F”为满，“E”为空，其中有 3/4、1/2、1/4三个水量刻度。1/4 水量刻度为警戒线提醒乘务员加水。

2. 污水系统

按下控制面板上污水表白色“CLEAN CHECK”键，可用来检查马桶的污水量，如果到达 1/2 处为正常适用范围，到达 3/4 处为黄色警戒线需要乘务员关注，到达“红色”区域为满乘务员应注意卫生间应禁止使用。

如果某个厕所马桶堵塞，可按住“PRESS TO TEST”键，同时按下马桶冲水按钮即可疏通。

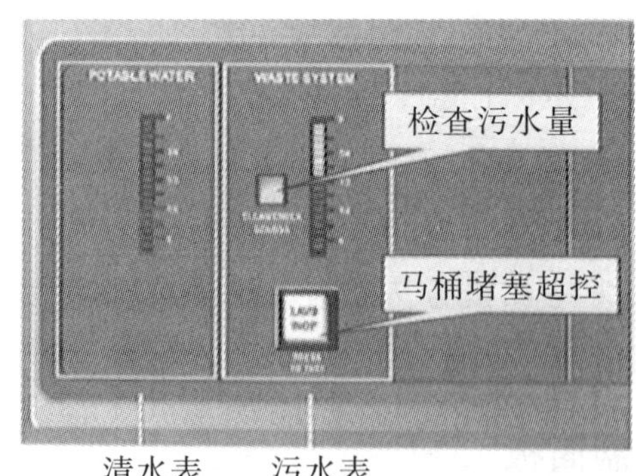

图 2－57　污水系统

3. 水箱

水箱位于飞机的货舱后部，容积为 300 升。

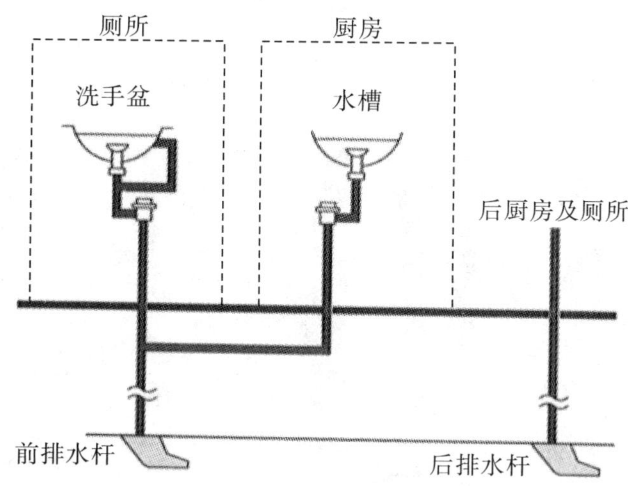

图 2-58 水循环示意图

(1) 供水方法

通过水泵把水从水箱输送到各用水设备，包括厨房、卫生间、洗手盆及马桶。

(2) 排水方法

厨房和卫生间洗手盆的废水经过滤、净化后，通过机腹部两根可以加热的金属排水杆排出机外，排水杆在机外部为鳍状。

4. 灯光控制系统

(1) 入口灯 (ENTRY LIGHT)

入口灯开关有 BRIGHT（亮）、DIM（暗）、OFF（关）三档，为旋转调节开关，用于后登机门照明。

(2) 工作灯 (WORK LIGHT)

工作灯可按压调节，为乘务员工作区域照明时使用。

(3) 应急灯 (EMERGENCY LIGHT)

应急灯开关仅限紧急情况下使用，如在紧急情况下照明逃生出口的方向，一旦一处应急灯开启，飞机内部和外部的所有应急灯会同时照明。正常情况下，该系统由驾驶舱控制，飞行前置于“预位”(ARMED) 位置。

在“预位”状态下，如果所有电源中断，所有内部、外部应急灯将自动打开。驾驶舱应急灯开关按规定应在“开”的位置，飞行员可随时打开应急灯，这是无论驾驶舱将应急灯开关放置在何位置，乘务员都可以随时打开应急灯。为防止在紧急情况下飞行员失忆，乘务员可以独立操作，组织乘客撤离。

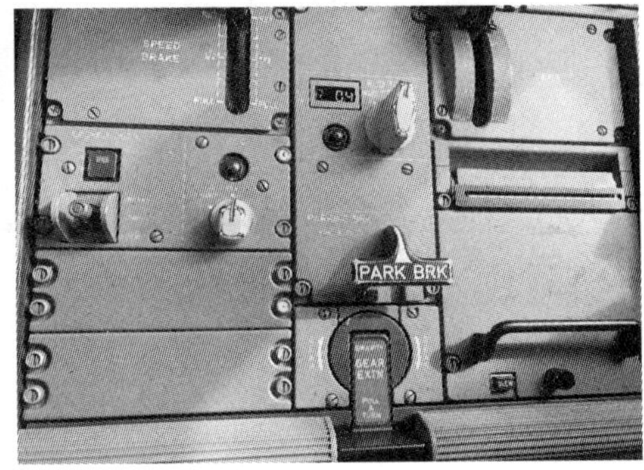

图 2-59 应急灯

练习题：

1. B737-800 型飞机 L1 门控制面板可以控制客舱哪些系统？
2. B737-800 型飞机客舱顶灯共有几个档位？
3. B737-800 型飞机客舱窗灯共有几个档位？
4. B737-800 型飞机是在哪个控制面板操作客舱灯光系统的？
5. B737-800 型飞机 L1 门控制面板娱乐系统开关的作用是什么？
6. B737-800 型飞机 L2 门控制面板有哪些内容？
7. B737-800 型飞机水箱容量是多少升？
8. 污水表左侧“CLEAN CHECK”键的作用是什么？
9. 污水表下方“PRESS TO TEST”键的作用是什么？如何操作？
10. B737-800 型飞机应急灯的作用是什么？应如何使用？

第七节 呼叫系统

为了便于乘客呼叫乘务员，也为了保持机组人员之间的信息畅通，在飞机前/后进出口处、乘客座位上方、乘务员座位上方，均设有呼叫显示装置。

一、呼叫系统的分类

飞机上的呼叫可分为三类，即客舱呼叫、卫生间呼叫和机组呼叫。当有人呼叫时该装置（如下图）的显示灯就会亮起，并伴有铃声，提示乘务员有人呼叫。

图 2-60 呼叫系统显示灯

二、呼叫显示和解除方法

1. 客舱呼叫

乘客呼叫乘务员时，前/后乘务员座位上方蓝色灯亮，一声单高音。

解除呼叫的方法是按一下乘客座椅上方的呼叫按钮。

2. 卫生间呼叫

乘客在卫生间呼叫乘务员时，靠近卫生间的乘务员座位上方琥珀色灯亮，一声单高音。

解除呼叫的方法是进入卫生间按一下呼叫按钮或按一下卫生间外面壁板上方琥珀色指示灯。

3. 驾驶舱或乘务员之间呼叫

驾驶舱或乘务员之间呼叫时，前/后乘务员座位上方粉红色灯亮，一声高音一声低音。

解除呼叫的方法是按一下话机上“RESET”键或挂机。

注意：飞机起飞前 3 分钟，下降后 8 分钟禁止呼叫驾驶舱。

【案例 2—7】

李先生对他乘坐的CA985航班中的一些“小事”进行了描述：首先，我因耳机故障按下乘客呼叫按钮，等待了20分钟后乘务员才前来询问。在此期间先后有四位乘务员经过，但无人察觉。而这位乘务员在询问“你有什么事”后，又让我等了10分钟才拿来新的耳机，乘务员不仅没有一声道歉，反而紧锁着眉头。然后，另有一位乘客因耳机的娱乐系统有杂音，按呼叫按钮后一位乘务员走过来，开口便说：“有事吗？要是没事不要按呼叫按钮。”

点评分析：

（1）乘务员在工作中必须加强对呼叫按钮的敏感意识，及时回应乘客的需求。

（2）乘务员还要注意语言技巧。在回应乘客的呼叫时，应首先询问乘客“请问您是否需要帮助”，然后根据实际情况，迅速解决问题。如果是乘客无意间碰到了呼叫按钮，乘务员也应礼貌地告知乘客：“如需帮助请按呼叫按钮。”

练习题：

1. 飞机上客舱呼叫系统分别有哪几类？
2. 如何解除B737-800型飞机卫生间呼叫？
3. 客舱呼叫时显示的是什么颜色？
4. 乘务员之间呼叫时显示的是什么颜色？
5. 驾驶舱呼叫客舱乘务员时会出现怎样的声音？

第八节　内话机及客舱广播系统

B737-800型飞机客舱内共有两部二合一多用话机，分别位于前、后乘务员座席处，用于乘务员之间通话、乘务员与驾驶舱通话、乘务员对客舱广播及报警等。

一、内话机的使用方法

①从存放支架上取下内话机，按住数字键“2”与驾驶舱通话。

②按住数字键“5”，乘务员之间可以通话。

③按出数字“22”报警，紧急呼叫驾驶舱。

④按“RESET”键或将话机挂回支架均可复位。

图 2-61 内话机

二、客舱广播

1. 客舱广播的方法

从存放支架上取下内话机，按数字键“8”，持续按住“PTT”送话键，即可对客舱进行广播。

按“RESET”键或将话机挂回支架均可复位。

2. 客舱广播的优先等级

客舱广播设有等级超控系统，一旦出现特殊情况，需要紧急通知广播时，客舱里只能听到一个声音，其他一切娱乐系统立即被切断。客舱广播等级排序如下。

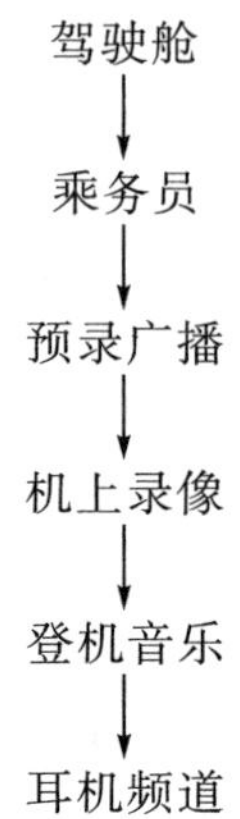

练习题：

1. 请写出 B737-800 型飞机内话机的功能。

2. 请写出 B737-800 型飞机内话机数字键“5”“8”和“RESET”键的作用。

3. B737-800 型飞机客舱广播的优先等级是什么？

第九节　音频系统

B737-800 型飞机配置有一套音频系统，用于乘客登机、下机时使用。播放登机音乐是为了活跃客舱气氛，起到调节乘客情绪，缓解乘客疲劳等作用。该系统还具备预录功能，可以把内容事先录制输入，使用时可通过不同数字按键转换，播放内容。还有多种语言可供选择，可根据不同航线、不同国家选择不同语种。航空公司可按照工作流程，将固定广播内容或应急部分内容输入其中。例如，将欢迎词、客舱设备介绍、下降广播、紧急撤离、客舱失压等内容储存在内，以此代替人工广播。

一、音频面板介绍

①显示屏。显示屏主要显示当前播放的内容。

②预录广播键。开启预录广播的开关。

③登机音乐键。开启登机音乐的开关。

④音量调节旋钮。调节音量大小。

⑤开始键。开始广播。

⑥停止键。结束广播。

二、操作程序

①按登机音乐键。

②选择音乐，按数字键。

③准备时按“READY”键。

④开始时按“START”键。

⑤结束时按“STOP”键。

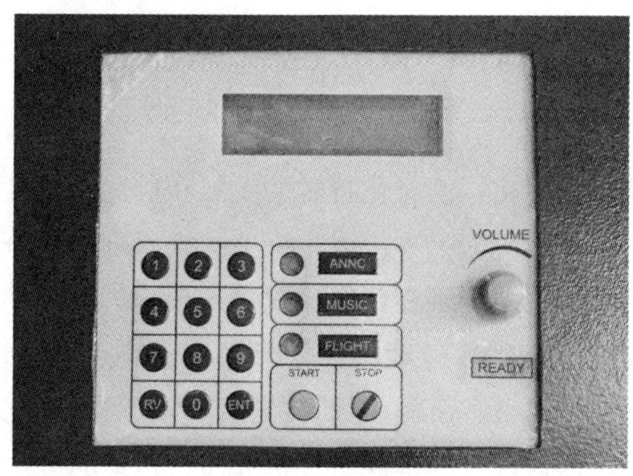

图 2-62 登机音乐操作面板

注意：记住不同数字键代表的不同内容，切勿按错。播放的音量大小以不影响两人交谈为宜。乘客登机完毕后，必须按“STOP”键，否则登机音乐将占用全部耳机频道。

三、播音等级

①驾驶舱。

②内话机超控拨号。

③内话机拨号。

④录像机。

⑤登机音乐。

⑥旅客娱乐系统。

为了方便乘客使用手提电脑或其他个人电子设备，有的飞机还安装了不同型号的电源接口和电源插座。在许多航空公司的远程航班上，每位乘客只需通过手中的控制面板就可以独立选择自己喜欢的视频和音频。

练习题：

1. 登机音乐的作用是什么？如何调节音量的大小？
2. 什么叫作预录广播？作用是什么？
3. B737-800 型飞机音频面板的操作程序和播音等级是什么？

第十节　视频系统

随着高科技、数字化、信息化技术的发展和应用，卫星电视已经进入航空领域，各家航空公司为了丰富乘客机上的娱乐方式，纷纷在选机型时安装了卫星导航播放系统，乘客可以通过 Air Show 了解所乘航班的飞行高度、飞行速度、方位、途经地标、外界温度、终点站温度及到达时间等，可以收看到电视节目、新闻联播、广告宣传、空中博览、各国电影和安全须知等，还可以通过大屏幕观赏飞机起飞、落地的全过程。

B737-800 型飞机放映机设置在飞机前部 L1 门处，其中有一台主机、两台录像机，客舱里设有二十个悬吊式液晶显示屏，放映时通常由带班乘务长负责操作。

一、直接放映

①按“SYST PWR”键，打开电源。

②轻触屏幕上闪烁的“CONT”键。

③在录像机（VCP）内插入磁带。

④在放映屏幕上选择闪烁的区域“ZONE A”。

⑤轻触“VIDEO 1”或“VIDEO 2”。

⑥在 VSCU 控制面板上轻触“EXEC”键。

二、伸缩式屏幕

按“EXEC”键时，客舱顶部 20 个悬吊式液晶显示屏会向下放出。显示屏在向下放出过程中，如果碰到物体将自动收回，并且在 5 秒或 10 秒内再次放出，反复三次后将不再向下放出。

图 2—63 悬吊式液晶显示屏

三、预放电视节目（不对客舱播放）

①按“SYST PWR”键，打开电源。
②轻触屏幕上闪烁的“CONT”键。
③在放映屏幕上选择闪烁的区域“ZONE A”。
④轻触“VIDEO 1”或“VIDEO 2”。
⑤在主机上按“P 阻止 V”键。
⑥在 VCP 控制屏幕上轻触“PLAY”键。
⑦远好播放内容后，在 VCP 控制屏幕上按“STOP”键。
⑧放映时，在 VSCU 控制面板上轻触“EXEC”键。

四、录像机（VCP）的使用

①开启电源，VCP 上的电源键会显示绿色。
②当磁带被正确插入录像机时，橘黄色指示器灯亮。

③控制面板上的功能键操作：STOP（停止）、REW（倒带）、PLAY（放映）、FF（快进）和 EXEC（退出录像带）。

④按“PLAY”键，录像机开始播放。

练习题：

1. B737-800 型飞机客舱伸缩式屏幕有哪些特点？
2. 如何使用 B737-800 型飞机视频系统？
3. B737-800 型飞机视频系统放置在客舱哪个区域？

第三章　A320 型飞机

A320 型是一种中短程、单通道、亚音速运输飞机，装有两台涡轮风扇发动机，除头部、尾部、起落架舱及空调舱外全部为增压舱。客舱乘客座位布局可根据运营需要安排，最多可布置 180 个乘客座位。乘务员座椅可视情况而定，但最少强制个数为 4 个。

A320 型飞机是典型的客机式设计，下单翼、上反角、后掠式，低水尾、单垂尾，双涡轮风扇发动机，发动机采用翼吊式。起落架为前三点式，主起落架为两柱式，每柱两轮，前起落架两轮。

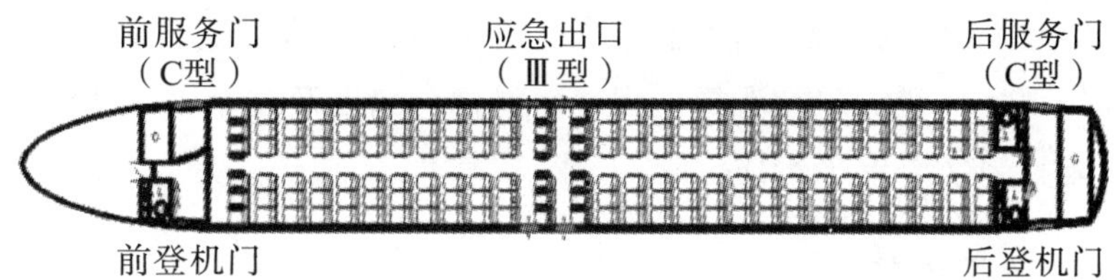

图 3－1　A320 客舱布局示意图

A320 型飞机是一架中短程、单通道窄体客机，多用于国内航线飞行。A320 型飞机的客舱内有 4 个客舱门，4 个翼上应急出口，2 个货舱门，2 个厨房，3 个卫生间，6 个乘务员座席，2 个衣帽间，5 个储物柜，还有单通道、隔板、摇篮、摇篮插孔以及视频、音频娱乐系统。各舱之间的通道处悬挂有帘子，飞机起飞、落地时必须将帘子收起并扣好。A320 型飞机有两级客舱布局：头等舱、经济舱。因此，座位数也分为两种：单级客舱布局有 180 个，两级客舱布局有 164 个。

第一节　飞机舱门

A320 型飞机共备有 I 型门四个。每个舱门都有一套完整开/关舱门操作设施。在紧急情况下，所有的舱门可以做应急撤离出口使用。左侧 L1、L2 是登机门，主要供乘客上下飞机使用，其中 L1 门为主要登机门。右侧 R1、R2 是服务门，主要用于装卸餐食车和清洁车等。

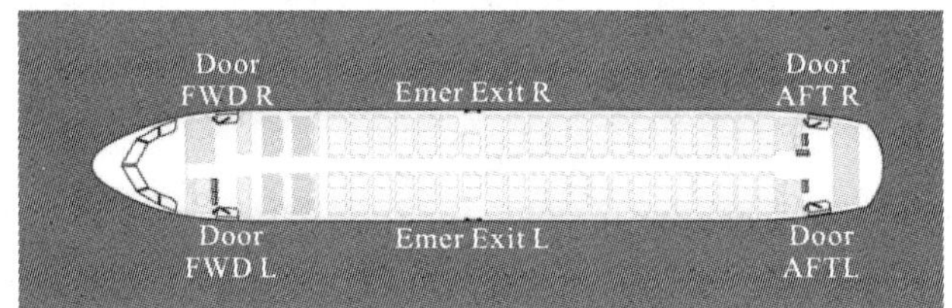

图 3－2　A320 飞机舱门示意图

A320 型飞机的 I 型门由舱门锁定指示器、辅助手柄、舱门支撑臂、舱门操作手柄、滑梯包和滑梯压力表、滑梯分离器及安全销、观察窗、阵风锁、阻拦绳、警示带组成。

一、舱门操作

1. 从内部打开舱门

①确认释压警告灯未闪亮。

②确认滑梯预位手柄在解除位置。

③确认舱门外无障碍物。

④向上开启舱门操作手柄，确认滑梯预位警告灯未亮。

⑤将舱门操作手柄向上开启。

⑥将舱门向外推到全开位置，直至被阵风锁锁住。

注意：一旦发现释压警告灯闪亮，不要开门，同时报告机长，等待开门命令。

图 3—3 舱门操作

2. 从内部关闭舱门

①一手抓住辅助手柄。

②一手按住阵风锁按钮，顺势向内拉舱门。

③向下压舱门操作手柄直至关闭。

④确认舱门指示牌位于锁定状态（LOCKED）。

⑤确认舱门完全关闭，没有任何夹杂物。

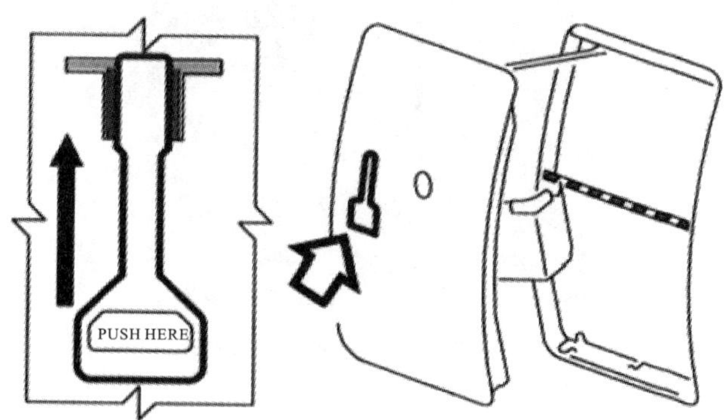

图 3—4 内部关闭舱门示意图

3. 从外部打开舱门操作

①确认舱门外无障碍物。

②从观察窗处确认客舱未释压，警告灯未闪亮。

③按进手柄解锁板。

④将手柄向上抬起，至绿色水平线。

⑤舱门向外拉到全开位置，直至被阵风锁锁住。

4. 从外部关闭舱门操作

①将阻拦绳收回。

②确认舱门内、外无障碍物。

③按住解除阵风锁按钮并保持住，待拉动舱门后再放开。

④将舱门推回舱内。

⑤将舱门外部控制手柄压下至与舱门平齐，松锁板弹起至与舱门平齐，将舱门关好。

⑥检查舱门密封状况，确认舱门没有夹杂物。

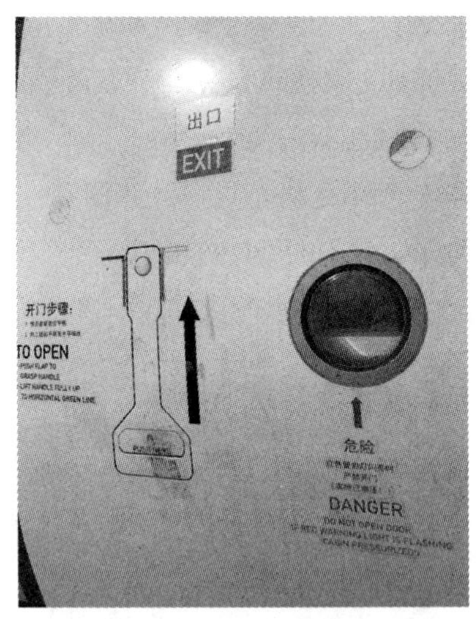

图 3—5　外部关闭舱门操作

二、舱门锁定指示器

①舱门锁定指示器位于舱门上方两侧，其作用是检查舱门是否完全

关好。

②舱门关好后出现“LOCKED”绿色字样。

③舱门没有关好会出现“UNLOCKED”红色字样。

图 3—6　舱门锁定指示器

三、滑梯分离器及安全销

滑梯分离器位于舱门中部，是一组使滑梯充气或阻止滑梯充气的装置。在正常情况下，滑梯不充气；紧急撤离时，滑梯充气。

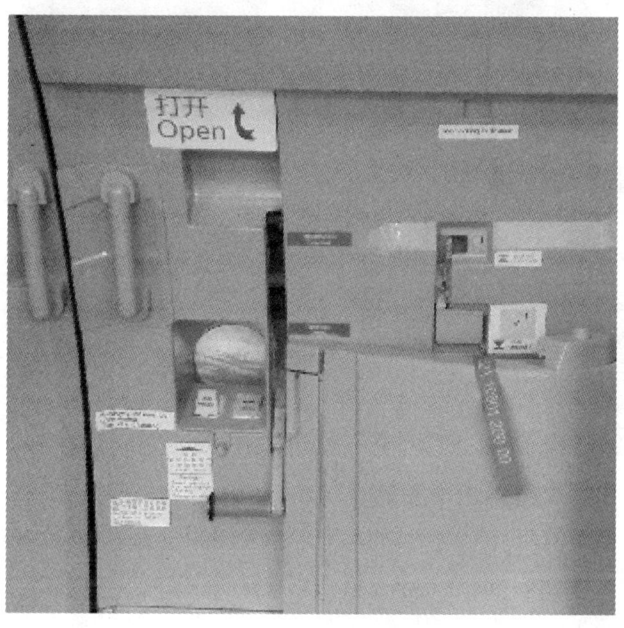

图 3—7　滑梯分离器

1. 滑梯分离器结构

①安全销插孔。

②手柄端部为黄色或灰色。

③安全销顶部有释放按钮。

④警示带为红色。

⑤手柄位置指示牌。DISARMED：绿色，滑梯解除预位；ARMED：红色，滑梯预位。

2. 安全销

当滑梯处于解除预位状态时，插入安全销，阻止滑梯充气；当滑梯处于预位状态时，安全销放在储藏孔内。

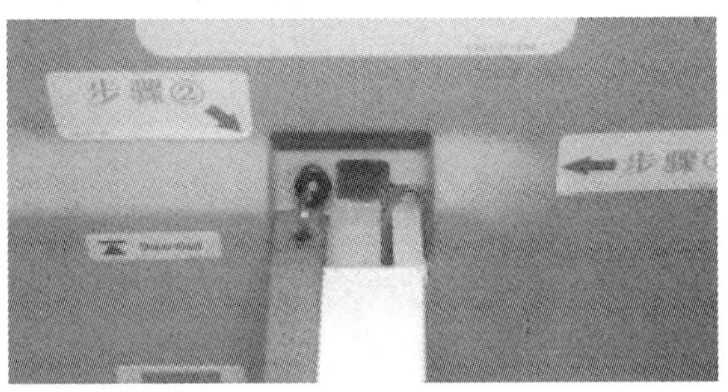

图 3－8 安全销

四、滑梯预位操作

1. 滑梯预位

①向上抬起滑梯预位手柄舱罩。

②按住安全销顶部释放按钮，将安全销拔出，插入安全销存放孔内，展平警示带。

③向下按住滑梯预位手柄至与舱门平齐。

④将滑梯预位手柄舱罩盖好。

注意：如果滑梯预位手柄处在“AMRED”（预位）位置时，从外侧开门，滑梯将自动回到“DISARMED”（解除预位）位置。

2. 解除滑梯预位

①向上抬起滑梯预位手柄舱罩。

②向上抬起滑梯预位手柄至解除位置。

③取出安全销。

④按住释放按钮，将安全销插入安全销孔内，使警示带垂放在手柄上。

⑤将滑梯预位手柄舱罩盖好。

注意：飞机开始移动推出或飞机到达完全停稳后才可操作分离器。必须在乘务长下达口令之后，才可操作分离器。操作完分离器一定要严格执行互检制度，防止滑梯在非正常情况下充气。

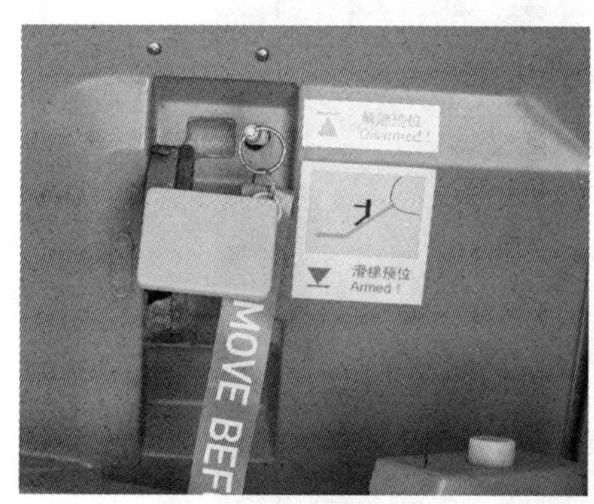

图 3-9　滑梯预位

五、观察窗

1. 观察窗

观察窗位于舱门中部，直径约 0.15 米。观察窗的作用是便于乘务员观察飞机的外部情况，来判断是否可以安全打开舱门，如在撤离时乘务员观察飞机外有无障碍物和起火点等隐患。

2. 警告灯

在观察窗下面有两个警告灯，正常情况下开启舱门，两个警告灯都不亮。如果出现白灯（平面长方形）亮起，说明滑梯没有解除，乘务员需要重新确认分离器；如果红灯（凸起三角形）闪亮，说明客舱没有完全释压。解决方法是乘务员关闭舱门，报告机长，等待开门的命令。

六、阵风锁

阵风锁位于舱门中部，是一个白色按钮。它的作用是固定舱门。当舱门完全被打开时需要锁定阵风锁，防止舱门移动、碰撞而受到损坏。关闭舱门时需要按住阵风锁，一手抓住辅助手柄，一手向内拉门，压下舱门操作手柄直至舱门关闭。

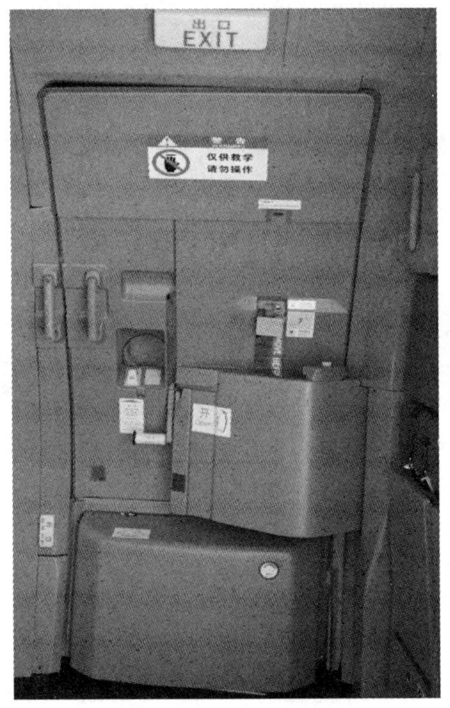

图 3—10　阵风锁

七、阻拦绳

门框一侧有阻拦绳，是一条黄黑相间的布带，可收回至门框一侧内，乘务员使用阻拦绳时可将其拉出，挂在另一侧门框内的挂钩上。

当舱门打开后，舱门外无任何衔接物时，必须挂上阻拦绳。

在关门前，乘务员必须将阻拦绳收回。

练习题：

1. A320 型飞机舱门锁定指示器的作用是什么？

2. A320 型飞机舱门滑梯分离器安全销有什么作用？在什么情况下使用？

3. A320 型飞机舱门滑梯分离器装置由哪几部分组成？

4. A320 型飞机手柄位置指示牌“DISARMED”和“ARMED”分别代表什么含义？

5. A320 型飞机在观察窗下面的白色警告灯亮表明什么？

6. A320 型飞机在观察窗下面的红色警告灯说明什么情况？

7. A320 型飞机舱门阵风锁位于何处？如何使用？

8. A320 型飞机从外部打开舱门滑梯会自动充气吗？

9. A320 型飞机正常开/关舱门操作程序是什么？

第二节　内话机及客舱广播系统

A320 型飞机内话机位于驾驶舱内及各舱门乘务员座席处，用于机组内部通话和乘务员对客舱广播，可以通过不同按键实现各项功能。此外，还配置一个小型 AIP 信息显示面板，无论是呼叫还是通话、广播，该面板上都会有文字显示，告知内话机的使用状态等。

一、AIP 信息显示面板

靠近乘务员座席一侧壁板处设有 AIP 信息显示面板。面板上显示驾驶舱、乘务员、乘客、卫生间呼叫及内话机使用的状态，也用英文显示信息内容。

左侧红灯在有紧急呼叫时会亮起，红灯闪亮表示情况更加紧急。右侧绿灯在正常呼叫时会亮起。

图 3-11　AIP 信息显示面板

二、内话机

在 L1 门和 L2 门设有内话机。通过按不同电话键可以实现乘务员之间通话、乘务员与驾驶舱通话，乘务员还可以进行客舱广播。

图 3-12　内话机

1. 内话机结构

内话机由四部分组成：听话、键盘、送话键（PTT）及送话。

图 3－13　内话机

2. 内话机操作

（1）呼叫驾驶舱（以 L1 门为例）

①取下内话机，AIP 显示＃。

②按 CAPT 键，AIP 显示 CALL CAPT。

③等待应答。

④通话完毕后将内话机挂回复位。

（2）乘务员之间内话呼叫（以 L1 呼叫 L2 或 R2 为例）

①取下内话机，AIP 显示 ＃。

②按 MID ATTND 键，AIP 显示 CALL DOOR2 ATTND，等待应答。

③L2 及 R2 门处响起高低双谐音一次“叮咚”，ACP 粉色指示灯亮起，AIP 绿色指示灯亮起，显示 CALL DOOR1 ATTND。

④取下 L2 或 R2 门内话机即可接听。

⑤通话完毕，将内话机挂回。

（3）乘务长内话呼叫全体乘务员

①取下内话机，AIP 显示＃。

②按 ALL ATTND 键，AIP 显示 CALL ALL，等待应答。

③其他所有内话机处均会响起高低双谐音一次“叮咚”，ACP 粉色指示灯亮起，AIP 绿色指示灯亮起，显示 CALL ALL。

④取下内话机即可接听。

⑤通话完毕，将内话机挂回。

注意：接听时不要按送话键，否则乘务长与乘务员之间的内话呼叫内容会进入客舱进行广播。通话完毕，按 RESET 键后再将内话机复位。上机后，乘务员应检查内话机的工作状况。

（4）客舱广播操作

①按 PA ALL 键，再按住送话键，可对全客舱进行广播。

②按 EMER CALL 键，再按住送话键，可进行紧急呼叫。

③按 PA FWD 键，再按住送话键，可对前舱广播。

④按 PA AFT 键，再按住送话键，可对后舱广播。

⑤按 FWD ATTND 键，再按住送话键，可呼叫 1 号门内话机。

⑥按 MID ATTND 键，再按住送话键，可呼叫 2 号门内话机。

⑦按 EXIT ATTIND 键，再按住送话键，可呼叫 3 号门内话机。

⑧按 AFT ATTND 键，再按住送话键，可呼叫 4 号门内话机。

⑨按 SVCEINTPH 键，再按住送话键，可呼叫地面机务。

⑩按 RESET 键，重置内话机，并将内话机复位。

注意：上机后需检查广播系统的工作状况。广播时不可吹或拍打话筒；广播中需停顿时，松开送话键；广播完毕后可先按重置键，再将内话机复位，以免有噪声进入客舱。除特殊情况外，不要使用机组全体呼叫，否则会影响驾驶舱工作。

练习题：

1. A320 型飞机内话机分别位于飞机的哪个区域？

2. 请叙述 A320 型飞机内话机操作呼叫驾驶舱步骤。

3. A320 型飞机 AIP 信息显示面板在客舱的哪个位置？

4. A320 型飞机乘务长内话呼叫全体乘务员时，乘务长按 ALL ATTND 键，AIP 显示什么信息？

5. A320 型飞机 AIP 信息显示面板左侧红灯亮起或闪亮、右侧绿灯亮起分别表示什么？

6. 取下内话机按 PA ALL 键、EMER CALL 键、ALL ATTND 键分别表示什么？

第三节 A320 型飞机呼叫显示系统

A320 型飞机在乘客座椅上方设有各种服务设备，统称为乘客服务组件（PSU），包括阅读灯、通风孔、氧气面罩、电视屏幕、扬声器、呼叫按钮、座椅排号等。本节着重介绍呼叫显示系统的使用方法。

一、呼叫系统

1. 客舱呼叫

①客舱呼叫按钮位于乘客座椅上方 PSU 面板上。

②当飞机在地面有舱门打开时，如有乘客呼叫，PSU 面板上呼叫指示灯闪亮，无声。

③当舱门全部关闭后，如有乘客呼叫，PSU 面板上呼叫指示灯亮，同时伴有单高谐音“叮”声。

④乘务员座椅上方 ACP 蓝色指示灯亮，听到一声单高谐音。

⑤AIP 绿色指示灯亮，显示发出呼叫乘客的位置、排数及左右（L 或 R）。

⑥解除方法是乘务员按该乘客 PSU 面板上的呼叫按钮。

2. 卫生间呼叫

①外部壁板上方琥珀色灯亮。

②AIP 绿色灯亮，显示发出呼叫卫生间的位置（LAV A：L1 门卫生间；LAV D：L2 门卫生间；LAV E：R2 门卫生间）。

③乘务员座席处可听到单高谐音“叮”一声。

④解除方法是乘务员按该卫生间内呼叫按钮或按外部壁板上方琥珀色灯。

图 3－14　卫生间呼叫系统

3. 机组间呼叫

(1) 机组呼叫乘务员，前/后乘务员座席上方呼叫显示面板粉色灯亮，双音钟声。

(2) 解除方法：按话机上 RESET 键。

二、呼叫显示面板

在乘务员座席上方分别有区域呼叫显示面板（Area Call Panel），不同颜色的灯亮和响声，代表来自不同方位和不同人员的呼叫。

①蓝色灯亮表示客舱有乘客呼叫。

②琥珀色灯亮表示卫生间呼叫或卫生间烟雾报警。

③粉红色灯亮表示驾驶舱内话呼叫及乘务员之间内话呼叫。

练习题：

1. 当 A320 型飞机在地面有舱门呈打开状态时，乘务员如何发现客舱有人呼叫？

2. 在 A320 型飞机乘务员座席上方分别有区域呼叫显示面板，蓝色、粉色、琥珀色灯亮分别表示哪些人员呼叫？

3. 请写出与 B737-800 型飞机与 A320 型飞机乘客服务组件的不同点。

4. 当 A320 型飞机舱门全部关闭后，如有乘客呼叫，PSU 面板上呼叫指示灯亮，同时会伴有怎样的声响？

第四节 乘务员控制面板

A320 型飞机共有两块乘务员控制面板，分别位于 L1 门和 L2 门处。乘务员控制面板有触摸式控制面板和液晶显示控制面板。使用触摸式控制面板可以操作客舱灯光、预录广播、登机音乐，查看清水使用状况、污水马桶堵塞处理、烟雾报警等。液晶显示屏除具有以上功能，还增加了监控客舱温度和舱门、滑梯状态等功能。

随着航空制造业的不断发展、新的技术不断开发和应用、软件的升级，同样的机型在后期出厂的飞机，在很多方面体现了新的高科技元素。例如，乘务员控制面板用新型的液晶显示屏操作系统取代了老式的按键式操作系统，通过显示屏可以更直观地看到每一个系统的运行状态，细致到监控每一个舱门、每一个卫生间、每一排座位。下面向大家介绍液晶显示屏的控制系统和操作方法。

一、L1 门乘务员控制面板

液晶显示屏控制系统由液晶触摸屏及下方的硬键区组成，控制内容有音频、灯光、舱门滑梯、客舱温度、清水表、污水表和烟雾探测器。

1. 屏幕介绍

①页面标题：显示被选择页面。

②主显示及操作区：显示被选择页面及点击操作区。

③系统功能键：选择系统页面。

④硬键区：各种功能键。

图 3－15　液晶显示控制系统 1

2. 硬键区各功能键介绍

①Screen Off：按 Screen Off 键后触摸屏会关闭，可起到保护屏幕的作用。需要打开屏幕时，按屏幕任意位置即可。

②Audio：进入音频系统。

③Lights：进入灯光系统。

④Doors/Slides：进入舱门及滑梯预位显示系统。

⑤Temp：进入客舱温度控制系统。

⑥Water/Waste：进入清水和废污系统。

⑦Smoke Detect：烟雾探测。

⑧System Info：进入信息系统页面，用于检查系统。

⑨Cabin status：返回键，回到主菜单，进入客舱主页面。

⑩绿色滚动条：显示页面位置，1/2 长度说明主页面有两页，在左侧说明当前为第一页。

⑪“◀”为向左翻页，“▶”为向右翻页。

图 3－16　液晶显示控制系统 2

二、液晶显示系统操作

1. 进入客舱页面

①打开电源。

②输入密码。

③进入CABIN STATUS，即客舱主页面，会显示五个系统：音频、灯光、舱门滑梯、客舱温度、清水/污水表。

④单击所需要进入的系统。

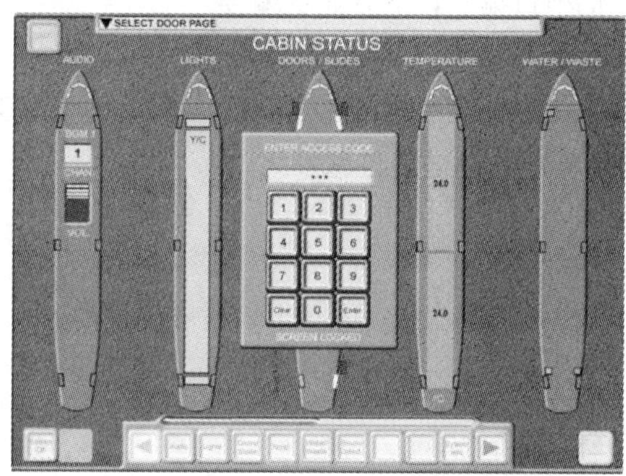

图3－17　液晶显示系统操作

2. 进入音频系统

(1) BOARDING MUSIC（登机音乐）：BGM1（背景音乐）

①左侧飞机图形显示。

“1”CHAN：1频道。

条形显示VOL：音量。

②中间方块图形。ON/OFF：登机音乐开关。VOL：代表音量，“+”表示音量增大、“－”表示音量减小。CHAN：频道，“+”表示频道上调、“－”表示频道下调。

③操作方法。

按ON/OFF键，开关键变为绿色。飞机图形显示频道及音量，根据需要调节频道及音量。

播放完毕后，按 ON/OFF 键，开关键变为灰色。飞机图形变为全灰色后不显示内容。

注意：在旅客登机、下机时播放。频道及音量要预先调试好。调节音量应由小到大。音乐应以轻松欢快的旋律为佳。音量调节应适中，以不影响两人谈话为宜。

（2）PRERECORDED ANNOUNCEMENT：预录广播

①显示介绍。

ON ANNOUNCE：正在广播，下方显示编号。

MEMO：记忆项目编号，下方显示编号。

△：向上翻页。

Clear Memo：清除记忆编号，只清除所选择的项目编号。

Clear All：清除全部记忆项目编号。

▽：向下翻页。

Stop：停止播放。

Play Next：播放下一个记忆项目。

Play All：播放所有记忆项目。

SELECT：选择区。

Clear：清除，清除数字号码。

Enter：输入，将项目编码输入记忆项目。

②操作方法。

在右侧按正确的项目编号。

按 Enter 键，输入至左侧记忆项目（可输入多个项目编号）。

按 Play All 键全部播放或按 Play Next 键逐一播放。播放完毕后，清除所有的记忆项目编号。

注意：目前仅用于紧急情况下的广播。

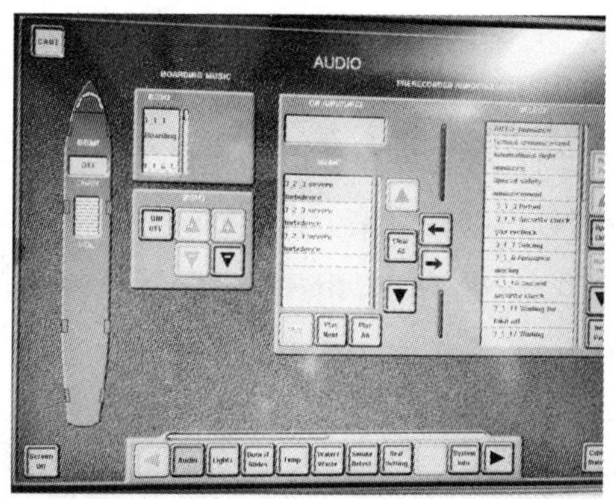

图 3-18　紧急情况下的广播界面

3. 进入灯光系统

①按 Main On/Off 总开关，可同时打开或关闭通道灯、窗灯、入口灯及厕所灯；打开按键时显示为绿色，关闭按键时显示为灰色。

②Aisle：客舱通道灯（客舱顶灯）开关，可打开或关闭客舱通道灯。

③WDO：客舱窗灯开关，可打开或关闭客舱窗灯。

④R/L Set：打开阅读灯，按此键所有阅读灯打开，便于机务人员检查。

⑤R/L Reset：关闭阅读灯，按此键所有阅读灯关闭。

⑥左侧上下键 FWD/AFT：为前/后入口灯开关，分别有三个档位，即 BRT、DIM1、DIM2。

⑦右侧 YIC 键为客舱通顶灯及窗灯开关，分别有三个档位，即 BRT、DIM1、DIM2。

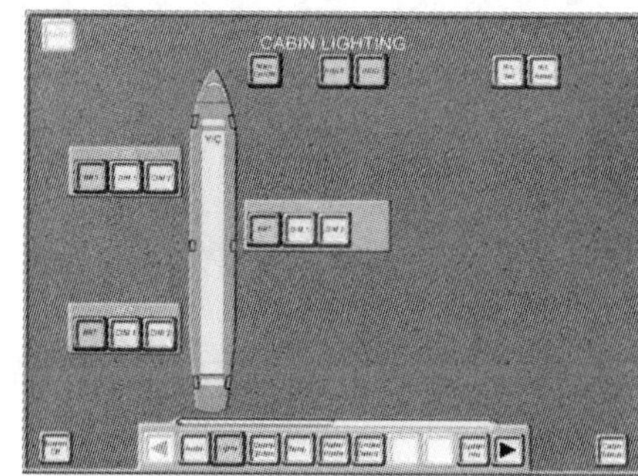

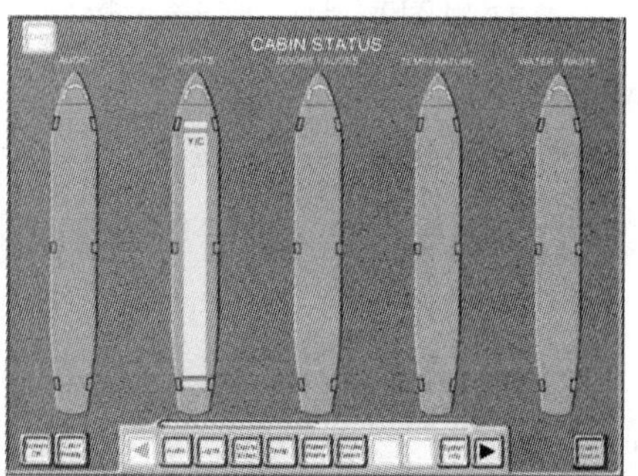

图 3-19　灯光系统

4. 进入客舱门及滑梯预位显示系统

通过显示屏上不同的颜色区分，能够反映当前每一个舱门所处的状态，以便于乘务长随时监控每一个舱门实际状况，杜绝一切安全隐患。

①红色：客舱门处于打开或未关好状态。

②黄色：客舱门已正确关闭，滑梯处于解除预位状态。

③绿色：客舱门已正确关闭，滑梯处于预位状态。

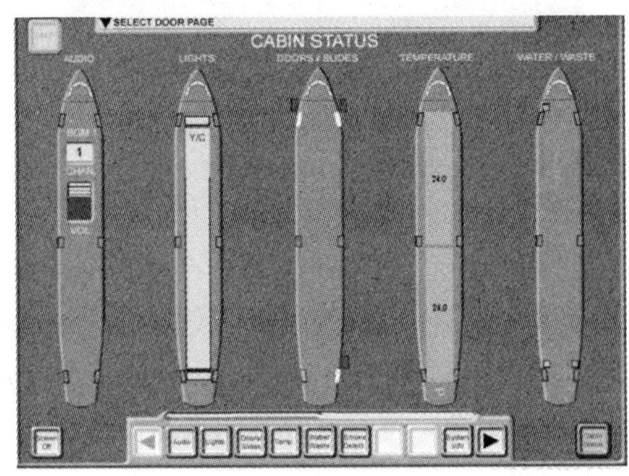

图 3－20　客舱门及滑梯预位状态显示系统

5. 进入客舱温度控制系统

(1) CABIN TEMPERATURE（页面介绍）

①右侧飞机图形为区域选择。

②Fwd Area：前部区域（客舱前半部分）选择键。

③Aft Area：后部区域（客舱后半部分）选择键。

④右侧图形为温度计，数字“23.0”为客舱实际温度，单位为摄氏度。

⑤下方 Reset 为重置键，返回驾驶舱设定的温度（全区域）。

(2) 操作方法（如前部区域）

①按 Fwd Area 键，按键变为绿色，左侧显示调节页面。

②按“+”或“－”键可提高或降低温度，每按一次温度会提高或降低 0.5℃。

③SELECTED TEMPERATURE 为目标温度。

④温度计右侧绿色箭头指示目标温度。

⑤温度计右侧浅色区域为温度调节范围：±2.5℃。

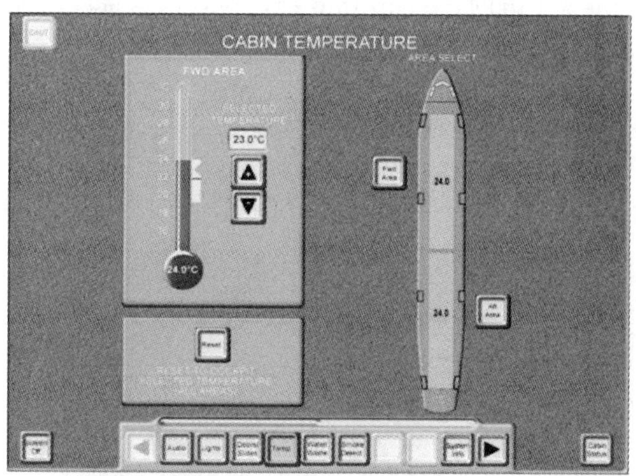

图 3-21 客舱温度控制系统

6. 清水和污水系统

①WASTE QUANTITY 显示的是污水量。显示方法：百分比，起飞前应在“0”位。

②WATER QUANTITY 显示的是清水量（饮用及洗手水）。显示方法：百分比，起飞前应在“100”位。

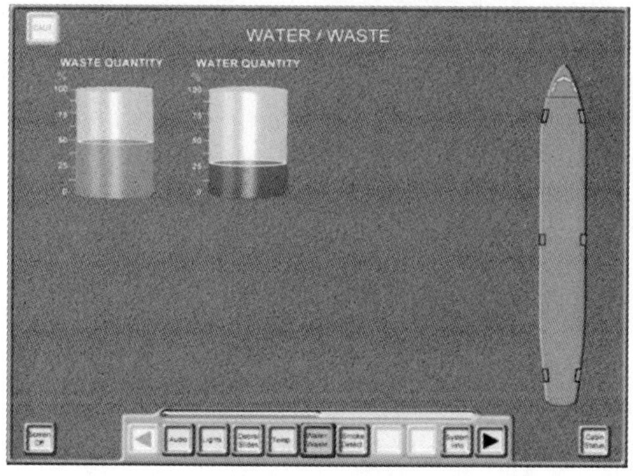

图 3-22 清水和污水系统

7. 系统发生故障信息显示页面

屏幕左上角 CAUT 代表信息提示灯，如果 CAUT 键闪烁，说明系统出现故障，按屏幕下方的 System Info 键，检查信息来源，查找故障，并通知机务人员进行维修。

三、L2 门乘务员控制面板

（1）L2 门控制面板位置位于前侧壁板处中部，用于控制客舱灯光。

图 3—23 L2 门控制面板

① BRT：100％的亮度。

② DIM1：50％的亮度。

③ DIM2：10％的亮度。

④ 重复按压所在档位按键，该部分灯光将会关闭。

（2）按 EVAC 应急报警键会发出响声并闪亮。

（3）按 RESET 键解除报警。

练习题：

1. A320 型飞机共有几块乘务员控制面板？分别位于哪个舱门处？

2. A320 型飞机 L1 门控制面板灯光 CABIN LIGHTING 表示什么

意思？

3. A320 型飞机 L1 门控制面板 PRERECORDED ANNOUNCEMENT 表示什么意思？

4. A320 型飞机 L1 门乘务员控制面板由哪几部分组成？

5. A320 型飞机液晶显示系统操作主要包括哪几个操作系统？

第四章　客舱应急设备

第一节　灭火设备

机上灭火设备储藏在驾驶舱、客舱靠近厨房区域或储藏在头等舱和普通舱部分行李箱上方。一旦出现火情，乘务员应立即拿起灭火瓶，实施灭火。通过本节的学习了解机上灭火设备的种类、构造，并掌握其使用方法。

一、手提式水灭火瓶

1. 结构

手提式水灭火瓶包括触发器、喷嘴、安全铅封、手柄、瓶体。

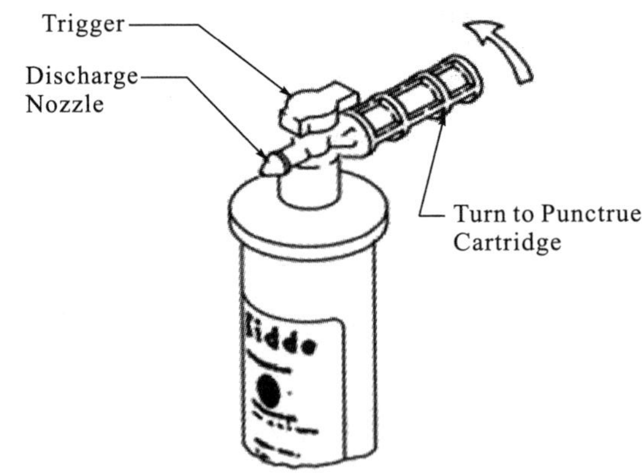

图 4—1　手提式水灭火瓶示意图

2. 适用范围

一般性火灾的处理，如纸、木、织物燃烧等。

3. 使用方法

①取出水灭火瓶。

②按照箭头指示向右转动手柄。

③垂直握住瓶体。

④按下触发器，喷嘴对准火源底部边缘，平行移动灭火瓶。

注意：手提式水灭火瓶不能用于因电器和油类引发的火灾。手提式水灭火瓶的瓶体不要横握或倒握，灭火瓶的喷射距离为 2～3 米，喷射时间为 40 秒。

4. 飞行前检查

①确认灭火瓶在指定位置并固定好。

②铅封处于完好状态。

③灭火瓶在有效期内。

二、手提式海伦灭火瓶

1. 结构

手提式海伦灭火瓶由触发开关（释放手柄）、安全销、手柄、喷嘴、压力表、瓶体构成。海伦灭火瓶适用于任何类型的火灾，尤其适用于因电器、燃油和润滑油脂引发的火灾。

图 4—2 手提式海伦灭火瓶

2. 使用方法

①垂直拿起灭火瓶。

②快速拔下环形保险销。

③握住手柄和触发器，喷嘴对准火源底部边缘，平行移动灭火瓶，喷向火的底部边缘。

注意：海伦灭火瓶喷出的是雾，但很快就会被汽化，而这种汽化物是一种惰性气体。这种惰性气体可以隔绝空气，使火熄灭，表层的火虽然可以很快被扑灭，但是里层仍然有余火，因此表层的火被扑灭后应立即用湿毛毯盖住失火区域。

使用手提式海伦灭火瓶时，不要横握或倒握；不能对人喷射，以免使人窒息。手提式海伦灭火瓶的喷射距离为 2～3 米，喷射时间为 10 秒。

3. 飞行前检查

①确认灭火瓶在指定位置并固定好。

②安全销穿过手柄和触发器的适当位置。

③黄色压力指针指在绿色区域。

④灭火瓶在有效期内。

三、卫生间灭火装置

1. 结构

在每一个卫生间的洗手池下方有一个自动灭火装置，由一个海伦灭火瓶和两个指向废物箱的喷嘴组成。

当卫生间的温度达到一定数值时，灭火装置将自动启动，两个喷嘴将向废物箱喷射海伦灭火剂。

2. 工作原理

通常情况下，温度指示器为白色，两个喷嘴是被密封剂封死的；当温度达到 77℃～79℃时，温度指示器变成黑色，喷嘴内的密封剂自动熔化后灭火瓶立即喷射；灭火剂释放完后，喷嘴尖端的颜色又变为白色。灭火器的喷射时间为 3～15 秒。

3. 飞行前检查

飞行前，乘务员应检查温度指示器是黑色还是白色。若有异常情况，乘务员应报告地面机务人员进行检修。

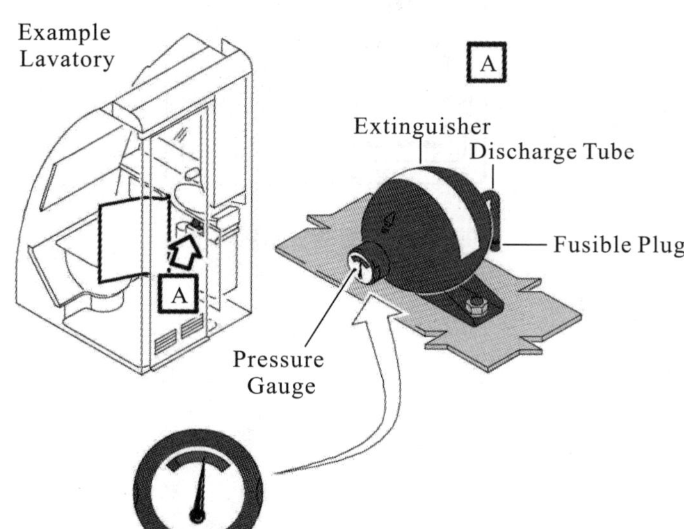

图 4—3　卫生间灭火器示意图

四、卫生间烟雾报警装置

1983 年“加拿大航空 797 号航班事故”主要原因是飞机的卫生间着火，浓烟充斥了整架飞机，虽然飞机最后成功迫降，但仍造成 23 名乘客死亡。这起事故发生后，航空公司采取了在卫生间安装烟雾探测器等措施。

烟雾报警装置可通过烟雾探测器和信号显示系统及早发现突发火情并自动发出警报。烟雾探测器位于洗手间顶部的报警装置旁边，当洗手间内的烟雾达到一定浓度时，烟雾探测器的传感器会向烟雾报警装置发出信号。烟雾报警装置的红色指示灯闪烁，并发出刺耳的响声。

1. 烟雾报警装置结构

①解除报警钮。

②电源指示灯（绿色灯工作正常）。

③报警指示灯（红色灯）。

④自检开关。

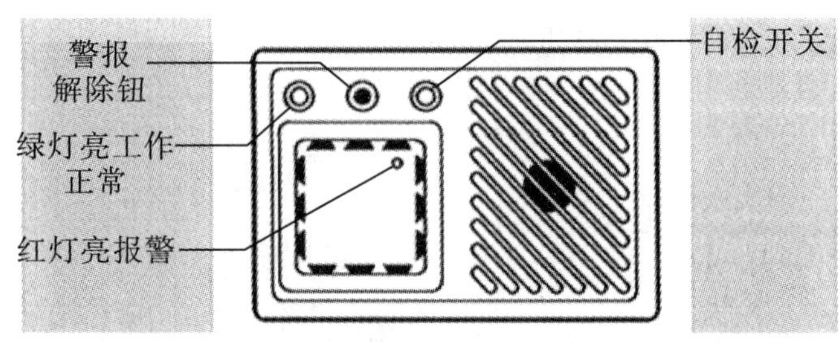

图 4—4 报警装置示意图

2. 报警信息显示

①红色指示灯闪亮。

②发出刺耳的响声。

③门外琥珀色呼叫指示灯闪烁。

3. 解除报警

①按下烟雾探测器的解除报警按钮即可终止声音。

②烟雾探测器的红色指示灯熄灭。

4. 飞行前检查

乘务员在航前应检查卫生间的烟雾报警装置，卫生间烟雾探测器上绿色电源指示灯亮，代表其通电且工作状态正常。

五、防烟面罩

根据每年《国际民航组织安全事故调查报告》，人为因素或非人为因素造成机上火灾事件时有发生，一旦出现机上失火，全体乘务人员和机组人员必须立即实施灭火措施，在客舱封闭区域、有浓烟区域灭火时应使用防烟面罩，以保护灭火者的眼睛和呼吸道不受烟雾、毒气的伤害。

1. 防烟面罩结构

防烟面罩由头罩、全面罩、氧气发生器、触发绳索、送话器及松紧带组成。防烟面罩的使用时间为 15 分钟，呼吸快时可能有灰尘感和咸味，且使用时间也会相应短一些。戴上面罩后可以通过面罩前部的送话器与外界联系。当氧气充满面罩时，面罩为饱满的状态；当氧气用完后，内部压力减小，面罩开始内吸。

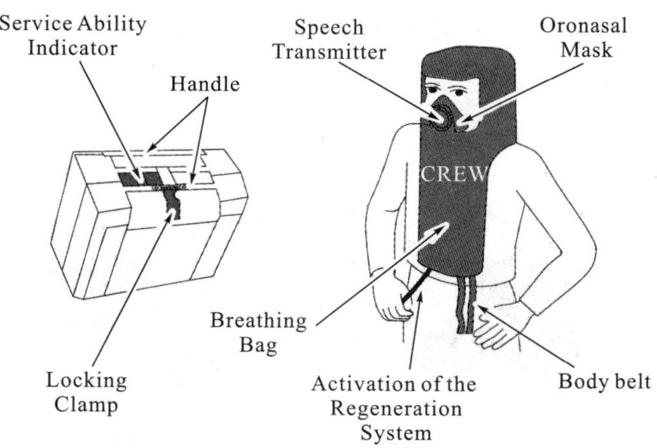

图 4－5 防烟面罩结构示意图

2. 氧气面罩供氧原理

氧气面罩中的氧气是靠防烟面罩上的化学氧气发生器提供的，当拉动触发绳索后，发生器中的物质发生化学反应并释放出热量，使化学氧气发生器中的温度上升，并与使用者呼出的二氧化碳发生反应，产生氧气。防烟面罩共有三种，即 A 型、B 型、C 型。

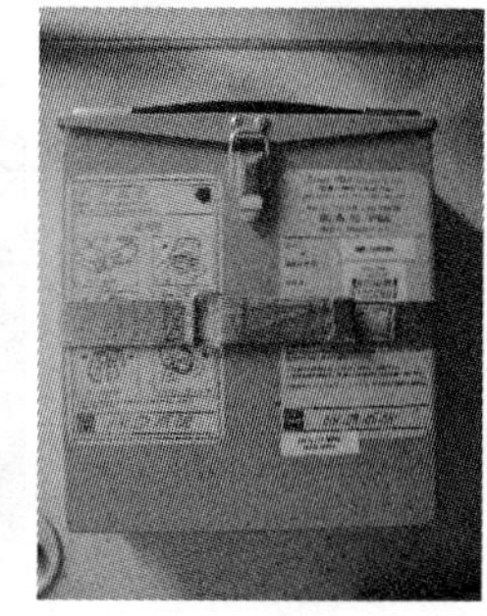

图 4－6 氧气面罩

3. 防烟面罩使用方法

①打开防烟面罩储存盒、取出包装，撕去袋口封条。

②打开包装，取出防烟面罩并展开。

③撑开密封胶圈（大小与头同大）。

④戴上防烟面罩。

⑤整理面罩位置。

⑥系紧固定拉绳，拉动触发绳索，使防烟面罩开始工作。

⑦氧气开始自流，至少持续 15 分钟。

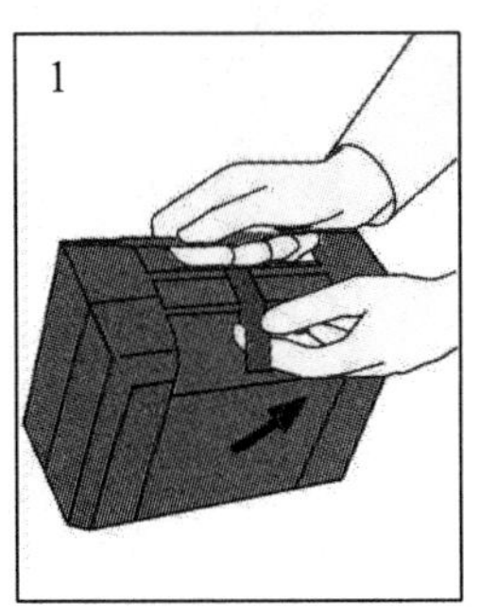

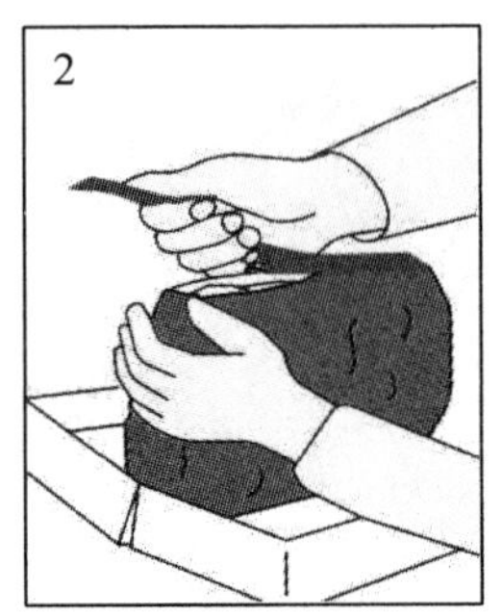

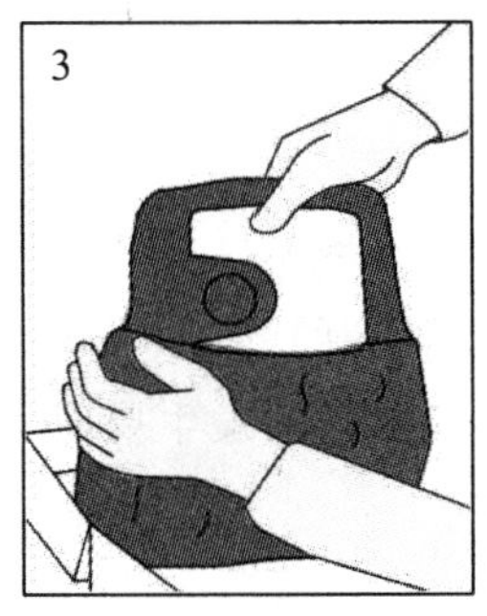

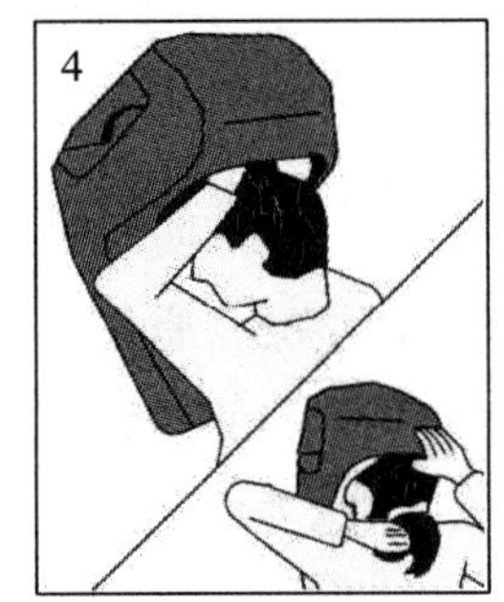

图 4—7　防烟面罩使用方法示意图

4. 飞行前检查

①确认防烟面罩在指定位置。

②确认包装盒未被打开。

③确认外包装铅封完好。

注意：穿戴前取下身上的尖锐物品，如发夹、耳环、手表等。穿戴前需擦掉面部浓重的油脂，如口红等。必须在无烟、无火区穿戴，头发必须全部放进密封胶圈。当呼吸困难或面罩凹陷、观察窗上有雾气时，可能是氧气已用完，应立即离开火源，到安全区域取下面罩。取下面罩后，要抖动头发，使残余氧气充分散开。PBE 使用完毕后，用湿毛毯包裹使之降温，放置于空餐车内。

六、防烟眼镜

防烟眼镜用于机组成员在烟雾充满驾驶舱时保护眼睛不受伤害，从而使飞行员能继续飞行。

防烟眼镜具有防火、隔热的作用。

使用防烟眼镜时要保证眼镜的密封边紧贴在眼部和面部氧气面罩边缘，用橡胶带固定，套在脑后，和氧气面罩一起佩戴。

图 4−8　防烟眼镜

七、救生斧

救生斧在清理障碍物及灭火时使用。救生斧手柄包裹着橡胶绝缘材料，可防止与电线接触时的电击。斧口有一个防护套，防止伤人。

图 4-9 救生斧

八、石棉手套

石棉手套位于驾驶舱的储藏箱内，供机组人员在驾驶舱失火时使用或非专业消防员在主货舱灭火时使用。

石棉手套具有防火、隔热的作用。

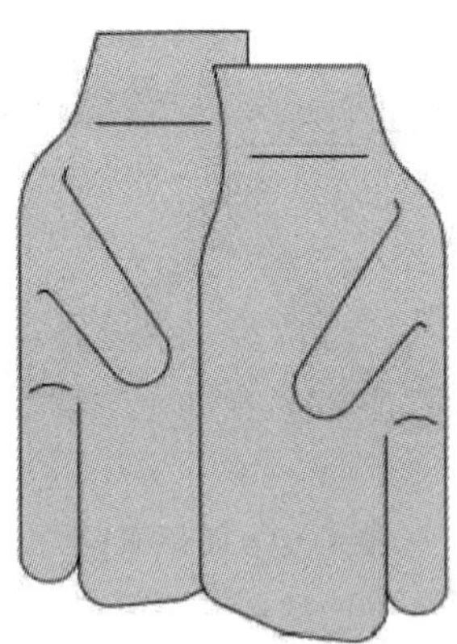

图 4-10 石棉手套示意图

练习题：

1. 手提式水灭火瓶适用于哪类火灾？不能用于哪类火灾？
2. 使用手提式水灭火瓶喷射距离是多少米？使用时间是多少秒？
3. 飞机上手提式海伦灭火瓶适用于哪类火灾？喷射时间是多少秒？

距离是多少米？

4. 当卫生间废物箱处温度达到多少摄氏度时自动灭火器开始喷射？喷射时间是多少秒？

5. 卫生间内部烟雾达到一定浓度时，会出现哪些报警信号？如何解除报警？

6. 防烟面罩的使用时间是多少分钟？

7. 如何正确使用防烟面罩？

8. 飞机上使用手提式水灭火瓶时应注意什么？

9. 飞机上使用手提式海伦灭火瓶时应注意什么？

10. 防烟眼镜、救生斧、石棉手套分别有哪些作用？

第二节　机上供氧系统

本节重点介绍B737-800型飞机驾驶舱、客舱供氧设施，通过本节的学习，了解B737-800型飞机驾驶舱固定氧气系统、客舱固定氧气系统和手提式氧气瓶的供氧结构及使用方法，一旦发生紧急情况，能够正确使用机上供氧设备。

一、氧气面罩

1. 氧气面罩的用途

氧气面罩是在紧急情况下，机上人员吸氧的工具。

飞机上有两个独立的供氧系统：一个系统供给乘客和乘务员使用；另一个系统供给驾驶舱内人员使用。

当座舱高度达到4276米时，氧气面罩会自动脱落。如果出现飞机破损、炸弹爆炸和机门、紧急窗失密等情况，飞机将快速或慢速释压，机上所有人员均应立即戴上氧气面罩进行吸氧。

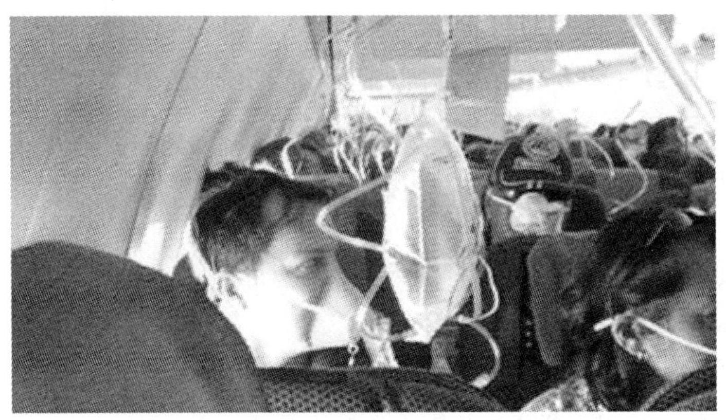

图 4-11　氧气面罩

2. 氧气面罩的储藏位置

①驾驶舱飞行机组控制台座席前面。

②每一排乘客座椅上方氧气面罩储藏箱内。

③洗手间马桶上方天花板处。

④乘务员座椅上方天花板处。

3. 氧气面罩储藏数量

①B737-800 型飞机客舱每排乘客座椅上方氧气面罩的数量比该排座位数量多出 1 个，这是为不占座位的婴幼儿准备的。

②乘务员座椅上方有 2 个氧气面罩。

③卫生间马桶上方有 2 个氧气面罩。

二、供氧方式

1. 驾驶舱供氧系统

驾驶舱的氧气来自储存在电子舱内的固定氧气瓶，一旦发生紧急情况，驾驶员可快速戴好氧气面罩进行吸氧。

使用氧气面罩时要捏住红色夹子，使面罩张开，然后罩在口鼻处，正常呼吸。氧气流量可调节。

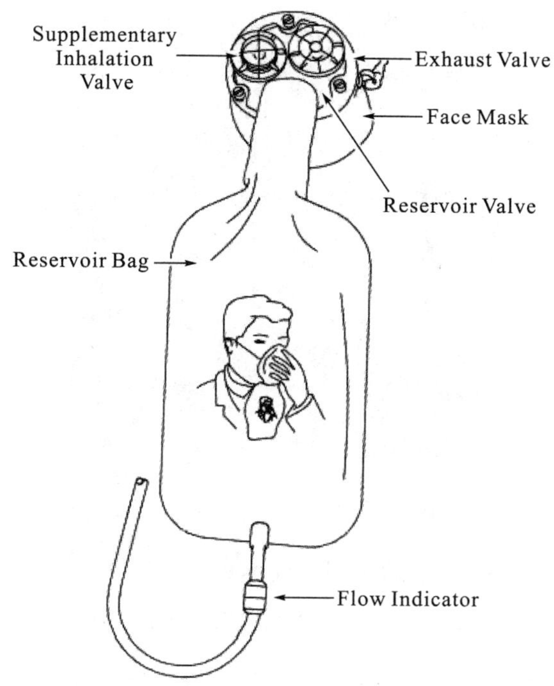

图 4－12 驾驶舱供氧系统示意图

2. 客舱供氧系统

B737-800 型飞机客舱用氧是由氧气面罩储藏箱内的化学氧气发生器提供。氧气面罩脱落有三种方式：自动脱落、电动脱落、人工脱落。

（1）自动脱落

在正常情况下，驾驶舱的氧气面罩控制手柄电门在 AUTO 位置。当客舱释压高度达到 4276 米时，氧气面罩储藏室盖板会自动打开，氧气面罩自动脱落。同时预录的紧急供氧广播会通过客舱扬声器进行广播。

（2）电动脱落

当自动脱落方式失效时，通过按压驾驶舱氧气控制面板上的 MASK MAN ON 键电动开启客舱内所有氧气面罩储藏室盖板，使氧气面罩脱落。

（3）人工脱落

当自动和电动方式都无法打开氧气面罩储藏箱时，可使用尖锐的物品，如笔尖、别针、发卡等打开氧气面罩储藏箱的门，使氧气面罩脱落。

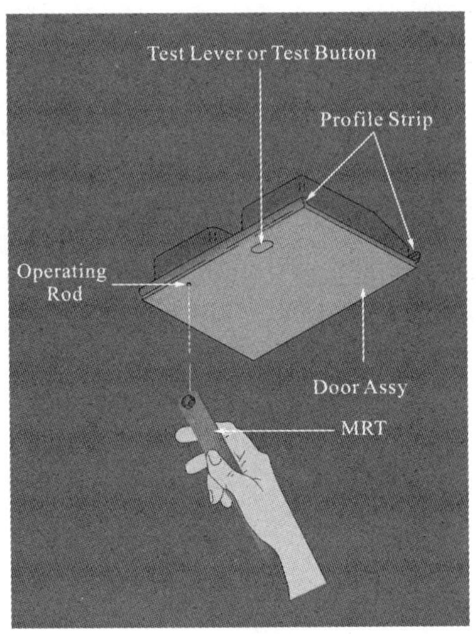

图 4－13　人工脱落氧气面罩示意图

在氧气面罩脱落后，用力拉下氧气面罩，罩在口鼻处，正常呼吸，并调节带子，使之松紧适中。

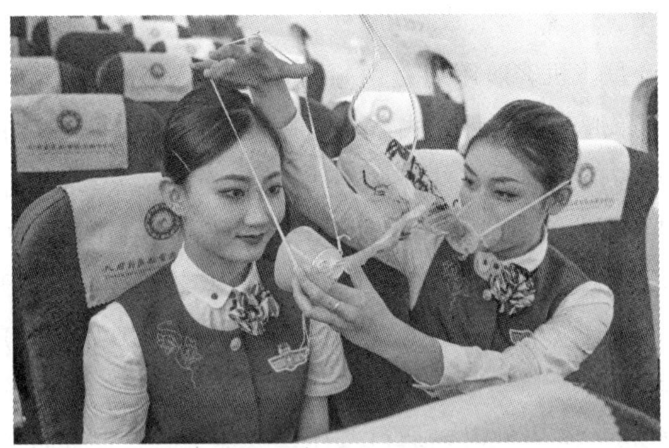

图 4－14　氧气面罩使用方法

注意：拉动一个氧气面罩，可使该氧气面罩储藏室内的所有面罩都开始供氧。供氧开始后，禁止吸烟。化学氧气发生器工作时，不要用手触摸，以免烫伤。氧气一旦流出，不能关闭（供氧时间为 12 分钟）。氧气面罩不能当作防烟面罩使用。

三、便携式手提氧气瓶

1. 手提式氧气瓶用途

机上备有便携式手提氧气瓶，主要用于在飞行中突然发病且急需吸氧的病人。此外，手提式氧气瓶还可在客舱释压的紧急情况下使用。

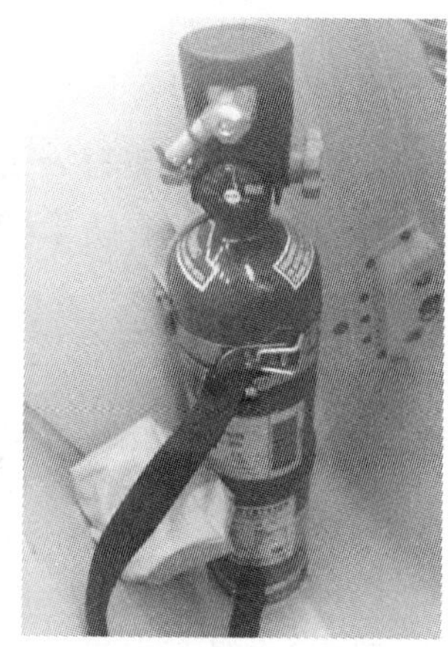

图 4—15　手提式氧气瓶

2. 手提式氧气瓶结构

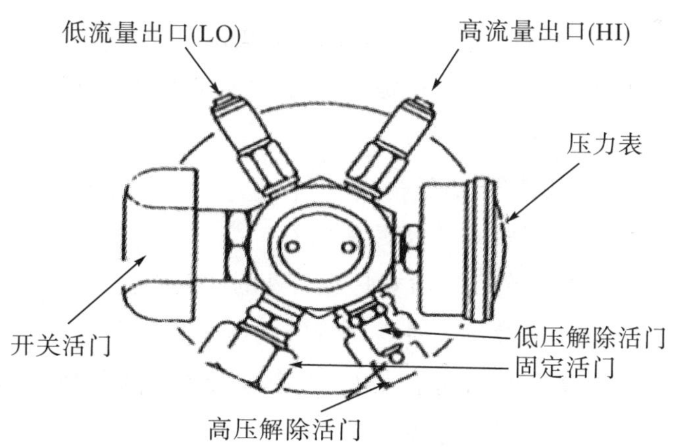

图 4—16　手提式氧气瓶结构示意图

3. 手提式氧气瓶种类

手提式氧气瓶共有两种。

5500—CIABF23B 型氧气瓶容量为 310 升，高流量时，每分钟出氧 4

升，可使用77分钟；低流量时，每分钟出氧2升，可使用155分钟。

5500－AIABF23A型氧气瓶容量为120升，高流量时，每分钟出氧4升，可使用30分钟；低流量时，每分钟出氧2升，可使用60分钟。

4. 飞行前检查

①检查开关（ON/OFF）阀门，应处于关闭的位置，铁丝、铅封完好。

②压力指针在“红色”区域，即“FULL”区域内。

③配套的氧气面罩用塑料袋密封，并系在瓶体上。

④两个氧气出口上盖有防尘帽。

5. 使用方法

①取出手提式氧气瓶。

②选择一个流量出口并打开其防尘帽。

③插上氧气面罩。

④逆时针方向打开供氧开关阀门。

⑤检查氧气袋中是否充满氧气。

⑥将氧气面罩罩在口鼻处。

注意：使用手提式氧气瓶时不要摔或碰撞瓶体。避免氧气与油脂接触，擦掉嘴上的口红或脸上润肤油。用氧时周围不能有火源。肺气肿患者使用低流量（LO）。压力至500磅/平方英寸时，应停止使用。使用后应填写《客舱故障记录本》。

6. 乘客医用氧气使用规定

乘客可以自备氧气瓶或付费使用氧气。

乘客如需要在空中使用氧气，应在订座时向航空公司提出申请，并提供医生签字的医学用氧及每小时需要氧气的最大数量和流量的书面证明。由地面机务人员将氧气设备送上飞机，并根据乘客的选择使用标准氧气面罩或鼻腔插管，连接合适的呼吸装置。

使用医疗氧气组件的乘客不能安排在出口座位上。

如乘客在空中突发疾病需要用氧或自备氧气在航行中耗尽，允许使用机载手提式氧气瓶。使用手提式氧气瓶后，应填写《客舱记录本》。

空中使用氧气时，乘务长必须报告机长。

【案例 4−1】

在 CA175 悉尼—北京的航班上，有一位初来中国的外籍教师，在飞行过程中她感到心脏非常不舒服，呼吸困难。由于语言障碍，她用手势向乘务员提出需要帮助。

乘务员看到这位乘客脸色苍白、呼吸急促，第一反应是她需要急救，并将此事立即报告乘务长。她们一边协助乘客吸氧，一边广播寻找医生。

5 分钟后医生来到病人面前，这时乘客病情有所好转，脸色转为红润，呼吸逐渐趋于平稳。经医生检查，确认她生命体征正常，无生命危险。

惊险的一刻虽然过去了，但是在后续飞行的数小时里，乘务员丝毫不敢放松，一直监护在病人身边。虽然病人已没有生命危险，但是她身体很虚弱，乘务员一路上悉心照顾。

飞机快要下降了，乘务员再次询问她感觉如何时，她微笑着说道："OK!"乘务长又询问她是否需要轮椅，她表示需要（没有提出派救护车的要求）。

经过后期了解，得知这位乘客要到中国来工作，因前期准备工作太劳累和睡眠不佳等导致病情发作。

几天后这位外籍教师专门派人送花篮到客舱部对受过良好急救培训的国航乘务员表示深深的谢意。

点评分析：

这位外籍人士所在区域由一个有责任心的团队负责。乘务员发现该乘客不舒服，虽语言不通，但她认真观察后确定乘客需要吸氧，立即将此事报告乘务长。乘务长有着二十多年的服务经验，见到此状况迅速采取急救措施，及时安排乘客吸氧，并通知广播员立即找医生。

经分析得出：

①乘务员通过认真观察，确认乘客身体有恙，及时采取急救措施。

②机上急救是乘务员每年都要训练的重要项目。当遇有特殊情况时，是否能准确判断、快速处理、及时抢救，是对乘务员业务能力强弱的考验。

③乘务长必须具备应急处理的能力，不仅要做好机上服务，还要做好突发事件的处理，使乘客有安全感。

练习题：

1. B737-800 型飞机每排乘客座椅上方氧气面罩的数量有多少个？
2. B737-800 型飞机客舱氧气面罩分别储藏在哪些部位？
3. B737-800 型飞机共有几种供氧方式？分别是什么？
4. B737-800 型飞机客舱供氧系统如何提供氧气？
5. 在什么样的情况下客舱氧气面罩会自动脱落？
6. 请简述正确使用氧气面罩的方法。
7. 如何操作手提式氧气瓶？
8. 机上手提式氧气瓶共分几种？分别是多少升？

第三节 机上应急医疗箱和急救箱

根据民航局《大型飞机公共航空运输承运人运行合格审定规则》的规定，每架飞机在载客飞行时应当至少配备一个应急医疗箱，并根据飞机所容纳的人数配备数个急救箱，存放在机组人员便于取用，并能防尘、防潮、防损坏的位置。

一、应急医疗箱

1. 认识应急医疗箱

每个应急医疗箱（见图 4－17）内应当配备医疗用品和物品，详情参见表 4－1。

图 4-17　应急医疗箱

表 4-1　医疗用品和物品

序　号	项　目	数　量	序　号	项　目	数　量
1	血压计	1个	7	盐酸苯海拉明注射液	2支
2	听诊器	1个	8	硝酸甘油片	10片
3	口咽气道	1个	9	去痛片	20片
4	一次性注射器	2个	10	碘伏	50毫升
5	50%葡萄糖注射液	1瓶	11	消毒棉签	40支
6	1∶1000肾上腺素溶液	2支	12	清单和使用说明	1份

2. 应急医疗箱用途

①机上发现急重伤病乘客，乘务员应立即通过广播寻找医务人员，并按照规定将应急医疗箱内的医疗用品和物品等供医务人员使用。

③使用应急医疗箱后，乘务长应做好使用登记，登记表一式三份，并请机长、使用应急医疗箱的医生和乘员分别签名。

③下机后将一份登记表交到航空公司有关管理部门，一份交使用应急医疗箱的医生保管，一份交乘务长保管。

注意：确认持有行医证明的医生才能使用机上应急医疗箱。

二、急救箱

1. 认识急救箱

图 4-18 急救箱

表 4-2 医疗用品

序 号	项 目	数 量
1	绷带（5 列）	10 卷
2	消毒棉签	20 支
3	敷料（10cm×10cm）	8 块
4	三角巾	1 块
5	外用烧伤药膏	1 支
6	手臂夹板	1 副
7	脚部夹板	1 副
8	绷带（3 列）	4 卷
9	胶布（1cm）	1 卷
10	剪刀	1 把
11	橡胶手套	1 副

2. 急救箱使用

①急救箱应均匀地放在飞机上的指定位置。上机后乘务员应检查急救箱铅封情况，如有破损，应及时更换，并填写《客舱记录本》。

②每个急救箱均应防尘、防潮。

③每个急救箱内至少要配备急救用医疗用品。

④在机上出现外伤或需用医疗用品时，即应取用。

⑤经过急救训练的乘务人员或在场的医务人员或经专门训练的其他人员，均可打开并使用急救箱内的医疗用品。

⑥使用医疗用品后乘务员要做好相应记录，一式两份，要有乘务长或机长签名。记录单会交使用人一份，另一份留在急救箱内上交管理部门。

3. 飞行中应急医疗事件报告程序与要求

①飞行中应急医疗事件包括下列情况：使用机上急救箱；由于人员伤病造成的飞机改航备降；机上发生人员死亡事故。

②应保存机上应急医疗事件记录 24 个月，这些记录中应当说明使用急救箱的情况、使用人和该次应急医疗事件的处理结果。

③填写《机上事件报告单》，报送相关管理部门。

4. 每架飞机在载客飞行中急救箱的数量

每架飞机在载客飞行中急救箱的数量不得少于表 4—3 的规定。

表 4—3　急救箱的数量

乘客座位数量（座）	急救药箱数量（个）
100 以下（含 100）	1
101～200	2
201～300	3
301～400	4
401～500	5
500 以上	6

练习题：

1. 请列举 5 种应急医疗箱内的医疗用品和物品。

2. 根据运行规范要求，飞机载客人数 167 人应配几个急救箱？

3. 机上发现急重伤病乘客，乘务员要立即抢救，应使用哪种应急设备？

4. 使用应急医疗箱后，乘务长做好一式三份使用登记表后，应请哪些人分别签名？

第四节　机上安全带

为了确保乘客的飞行安全，飞机在滑行、起飞和着陆前“系好安全带”信号灯亮时，空中遇有颠簸、劫机，夜间飞行、紧急下降时会要求每位乘客系好安全带。

一、乘客安全带种类和使用

1. 乘客安全带种类

安全带共有三种，即成人安全带、婴儿安全带和加长安全带。乘务员在进行客舱安全检查时，应该确认每一位乘客的安全带是扣好状态。飞机进入巡航高度后“系好安全带”信号灯熄灭时，乘务员应提示睡觉的乘客系好安全带。

2. 乘客安全带使用

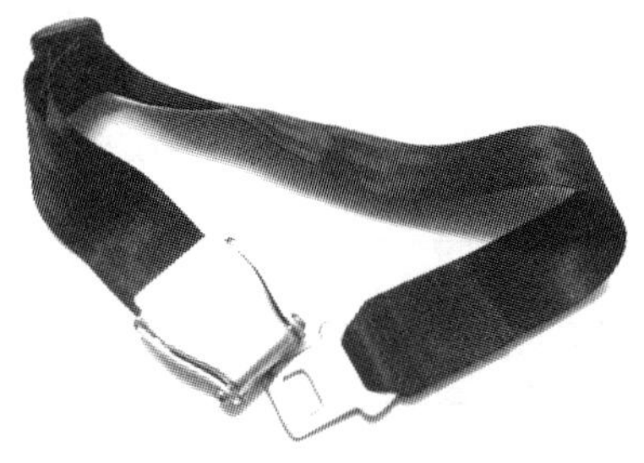

图 4—19　安全带

（1）成年人安全带

在座椅上备有两条可以对扣起来的安全带，使用时将一端插片插入另一端锁扣内，调整带子松紧直到系好安全带。

（2）婴儿安全带

婴儿安全带用于两岁以下的婴幼儿，使用时将婴儿安全带环穿入成人安全带，使母子连在一起。

（3）加长安全带

加长安全带用于肥胖乘客或孕妇，是在正常安全带的基础上再加长一部分。使用方法同正常安全带。

注意：孕妇使用加长安全带时应在其腹部垫上毛毯。

二、乘务员安全带种类和使用

乘务员在执勤期间，必须遵守航空公司的安全有关规定，遇有紧急情况应回到自己的座位上系好安全带和肩带，等待“系好安全带”信号灯熄灭后，才能起立继续工作。

乘务员安全带共分为三截，由腰部安全带和肩部安全带组成。

图 4-20 乘务员安全带

练习题：

1. 民用客舱中分别备有哪几种安全带？
2. 如何使用婴儿安全带？
3. 配置加长安全带的作用是什么？
4. 孕妇适用于哪种安全带？使用时应注意什么？
5. 在什么情况下需要系好安全带？
6. 乘务员安全带的特点是什么？

第五节　应急照明

应急灯照明包括机内照明和机外照明两部分，除此以外还有手电筒照明。在客舱内部和飞机外部都有清晰的照明标识，为紧急情况下提供照明。应急灯电源来自电池，供电时间为15～20分钟。手电筒储藏在乘务员座席下方，飞机一旦出现中止照明状况，乘务员可迅速拔出手电筒，采取相应措施。

一、应急灯照明

1. 内部照明

①出口应急照明标志灯位于出口附近的天花板上。

②客舱应急照明标志灯位于左、右两侧地板上，提供视觉指示。

③登机门、翼上出口、行李架上的过道灯。

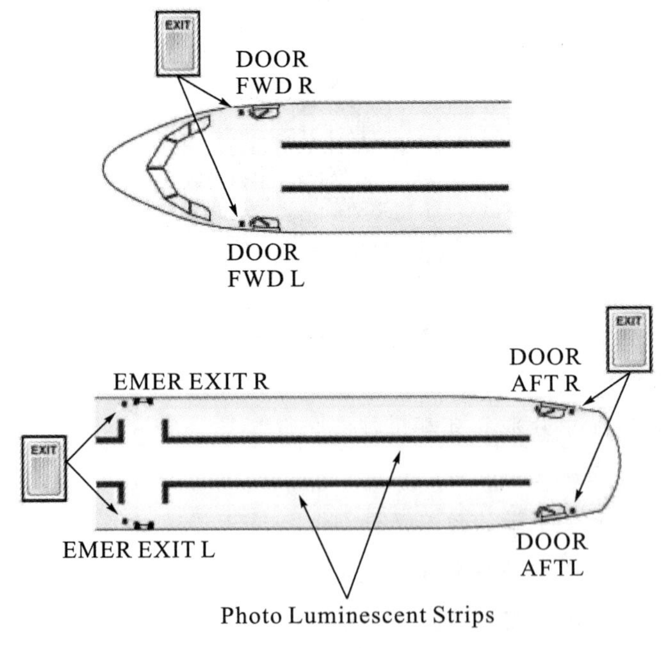

图4－21　内部照明示意图

2. 外部应急照明

①救生滑梯照明。

②机翼撤离路线照明。

③滑梯接地区照明。

滑梯充气，自动打开滑梯照明。

机身两侧各有三个应急灯，为撤离路线和地面联络区提供灯光照明。

二、应急灯操作

1. 自动方式

当驾驶舱应急灯开关放在 ARMED 位置时，飞机供电系统一旦失效，飞机内部和外部所有的应急灯将自动接通，应急照明可持续 15～20 分钟。

2. 人工方式

当驾驶舱应急灯开关放在 ON 位置，乘务员操作面板上的应急灯开关放在 ON 的位置时，所有应急灯将接通，并可超控驾驶舱。

3. 飞行前的检查

应急灯开关通常情况下放在 NORMAL 位置。

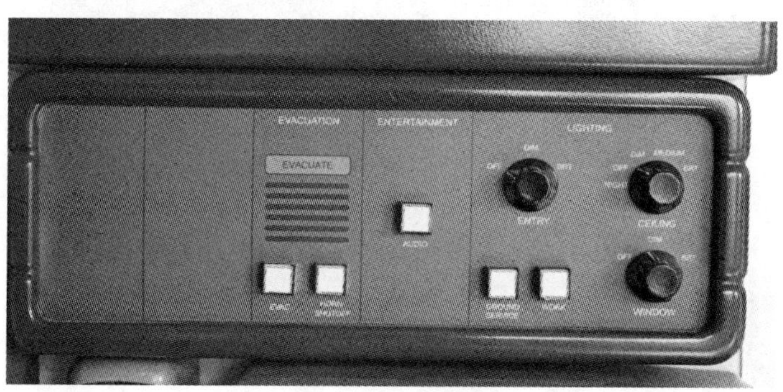

图 4—22 应急灯

三、手电筒使用

手电筒位于乘务员座席下方，多用于应急情况时使用，也可在夜航飞行、飞机在地面临时断电、排除故障时使用。

1. 结构

手电筒是防爆的，由干电池提供电力，从底座取下后会自动打开，放入底座后会自动熄灭。

2. 使用

握住手电筒从底座的固定架中拉出。手电筒使用时间 0.5～4.2 小时。

注意：铅封断开。

3. 复位

①握住手电筒。

②电能 LED 检测灯朝外，凸起的插头朝里。

③将凸起的插头放入底座内的凹槽中。

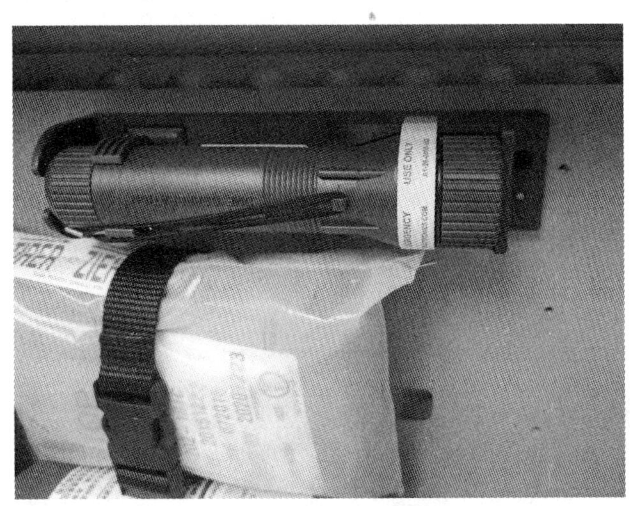

图 4—23　手电筒

4. 飞行前的检查

①确认手电筒在指定位置并固定好。

②确认手电筒上的电能 LED 检测灯 3～5 秒闪烁一次。如闪烁间隔时间超过 10 秒，则是在提示手电筒没电或电量不足，应由机务人员及时更换电池。

练习题：

1. 在什么情况下使用应急照明系统？

2. 应急照明指示灯可持续使用多长时间？

3. 飞行前乘务员应怎样检查应急灯？应急灯有哪几种打开方式？

4. 应急手电筒的使用时间是多长？

5. 飞行前检查应急手电筒的方法是什么？

第六节　救生衣

救生衣是机上应急设备之一，可在海上应急撤离时使用。

在每一位乘客座位下方的口袋里或扶手内都备有一件成人救生衣。为了区别机组人员与乘客，机组人员的救生衣为红色，乘客的救生衣为黄色。

图 4-24　救生衣

一、救生衣结构

1. 定位灯

救生衣浸入水中后，定位灯会自动亮起。定位灯有助于救护人员寻找目标。

2. 海水电池

入水后拔掉救生衣上的标志（Pull To Light），以便接通电源。电池浸水后，几秒钟内定位灯会自动发光，并可持续使用 8～10 小时。

3. 气瓶

救生衣中部有两个小型气瓶，可在救生衣充气时使用。

4. 人工充气手柄

上船之前拉动人工充气手柄，能使救生衣充气。

5. 人工充气管

当自动充气失败或充气不足时，可以用嘴向救生衣充气。

6. 腰带卡锁

救生衣经头部穿好后，系紧腰带，插好卡锁。

二、救生衣的种类和使用

1. 成人救生衣使用

①取出救生衣，经头部穿好。

②将腰带扣好系紧。

③拔掉电池上的铅封。

④打开红色充气阀门。

⑤当充气不足时，拉出人工充气管，用嘴向里吹气，使救生衣充气。

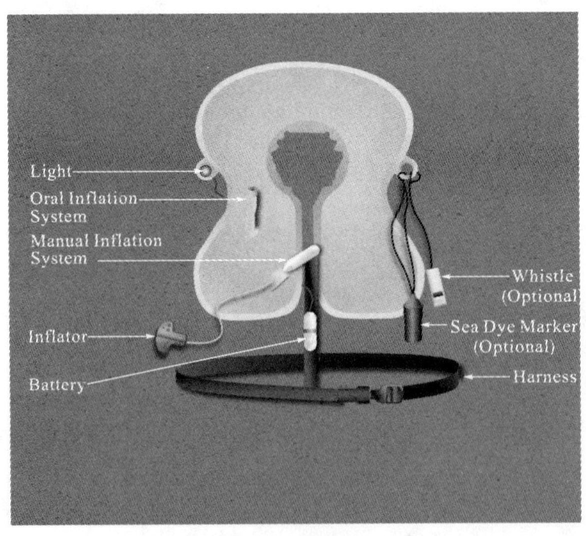

图 4－25　救生衣使用方法示意图

儿童救生衣的使用方法与成人救生衣的使用方法相同。

注意：成年人穿好救生衣，上船前充气。不能自理及上肢残疾的乘客，穿好后立即充气。未成年乘客的救生衣在其离开座位时会充气。如需放气，用手按住人工充气管的顶部即可。

2. 婴儿救生衣使用

两岁以下的使用婴儿救生衣，两岁以上的使用儿童救生衣。

婴儿救生衣通常与成人救生衣放在一起，位于有婴儿摇篮插孔的座椅下方。

使用时将救生衣取出，经头部穿好并将胳膊固定在救生衣上，将绳子的一端固定在大人的救生衣上。

操作方法：经头部穿好，系紧腰带，拉动红色二氧化碳气瓶触发开关充气。如果充气失效，可用人工充气管为救生衣充气。

三、安全演示包

为了让乘客平安、愉快地度过空中旅行，需要每位乘客遵守安全规定并配合机组人员做好相关安全工作，为此在飞机起飞前可通过大屏幕放映或人工演示，宣传乘机须知、介绍机上应急设备使用方法等。

每架飞机都配有安全演示包，用于机上放映机出现故障时的人工演示。安全演示包储藏在飞机的前部和后部的行李架上方。安全演示包内配有一件成人救生衣、安全带、氧气面罩、安全须知卡。

练习题：

1. 机上救生衣共备有几种？有哪些颜色？
2. 救生衣上定位灯的作用是什么？
3. 如果拉动救生衣下方红色充气手柄失效，如何使救生衣充气？
4. 使用婴儿救生衣的年龄限制是多少？
5. 安全演示包的作用是什么？包内有什么物品？
6. 海水电池浸水后可持续使用多少小时？

第七节　麦克风

机上麦克风储藏在头等舱和普通舱行李架上方，用于应急情况下指挥乘客撤离时使用。

麦克风的使用方法：拿起麦克风朝向旅客，按下麦克风手柄上的送话按钮讲话。

注意：禁止用麦克风对着人的耳朵说话，以免损伤听觉。

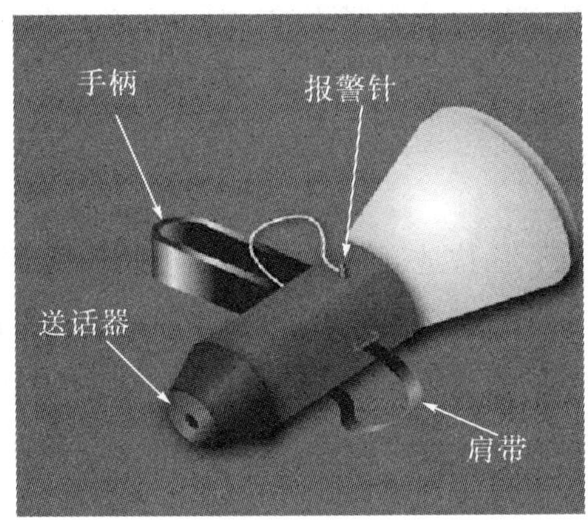

图 4－26　麦克风

练习题：

1. 飞机上为什么要配置麦克风？
2. 麦克风储藏在飞机客舱的什么位置？
3. 使用麦克风时应注意什么问题？

第八节　应急发报机

应急发报机可在飞机遇险后向外界发出求救信号时使用。应急发报机备有自浮式双频率电台，电台发射频率为民用 121.5 兆赫和军用 243 兆赫的调频无线电信号。这些频率是国际民航组织通用频率，用于遇险时发出求救信号。

一、应急发报机结构

应急发报机主要由以下几方面构成：

①天线。

②水溶胶带，遇水后应急发报机的封条会自动打开。

③电池护盖。

④绳索，起到连接、固定的作用。

⑤使用标牌。

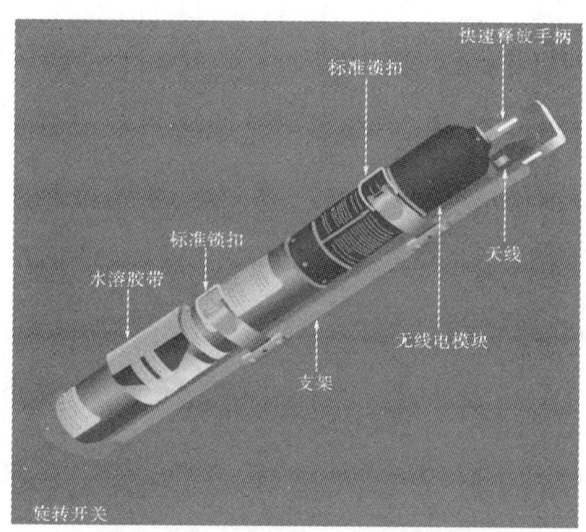

图 4－27　应急发报机结构示意图

二、陆地使用方法

按照发报机使用说明，松开绳索：

①从应急发报机底部取下装水的袋子。

②小心取下盐袋，将袋中装入半袋水（或淡茶、淡咖啡），搅动混合。

③将应急发报机放入盐袋，确保侧边的两个小孔没入水中。如有充足的盐或水，按 12～24 小时间隔更换塑料袋内的水，以保持充足的电源输出。

④割断水溶胶带竖直天线，使应急发报机直立。

⑤将应急发报机放在无障碍区域。

⑥应急发报机在 5 分钟后发报。

应急发报机的使用时间为 48 小时。

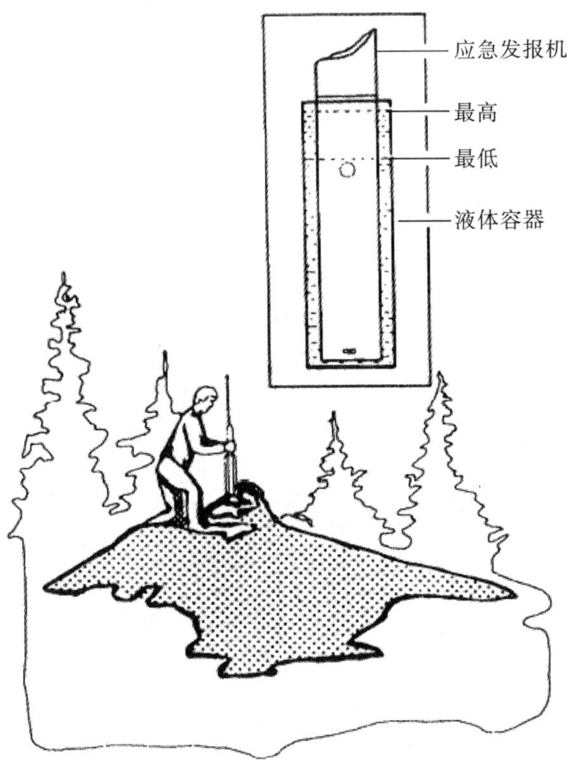

图 4－28　陆地使用应急发报机示意图

三、水中使用方法

①从套子中取出应急发报机。

②将应急发报机一端的连接绳系在船内。

③将应急发报机放入水中，自动发出信号。

④水溶胶带断开，天线竖起。

若要停止发射信号，可将应急发报机从水中捞起，放在救生船/筏内。

⑤应急发报机在 5 秒后开始发报。

注意：在陆地淡水中应急发报机是 5 分钟后开始发报。

四、注意事项

①机上装备的应急发报机处于 ARMED 位置时，必须远离液体，不得随意拆卸；一旦发报机被意外激活，应立即关闭应急发报机并向最近的航空管制机构报告。

②在陆地上使用应急发报机时，要将其垂直放在较高的地方，周围不能有障碍物。使用时应注意：若应急发报机倾斜超过 60 度，应急发报机将停止工作。应急发报机附近有任意金属物体均会影响发报机信号的输出。

图 4－29　发报机

③发报机不能倒放或横放。

④每次只能使用一部发报机。

⑤发报机一旦启动，将在约 320 公里的范围内连续发射信号 48～60 小时。

练习题：

1. 飞机上配备的应急发报机军用、民用发射频率分别是多少？
2. 陆地上如何使用应急发报机？

3. 水中如何操作应急发报机？

第九节 地板高度出口和非地板高度出口

地板高度出口指登机门和服务门，非地板高度出口指位于客舱中部两侧的应急窗，在紧急撤离时可作为应急撤离出口使用。

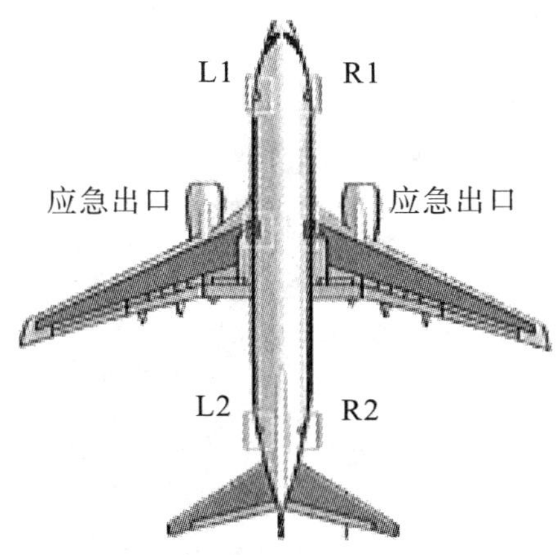

图 4—30 应急撤离出口示意图

一、B737-800 型飞机地板高度出口和非地板高度出口

1. 地板高度出口

（1）充气滑梯构造

充气滑梯折叠抽真空存放在舱门下部的滑梯包内。

（2）陆地撤离舱门出口操作方法如下

①确认滑梯杆固定在地板的支架上。

②观察机外状况。

③将舱门手柄转到“开”位置。

④滑梯展开的同时自动充气。

⑤拉动红色“人工充气手柄”位于滑梯顶部右侧。

⑥确认滑梯充气状况。

⑦如果滑梯充气失效或漏气，可以当作软梯使用。

注意：指挥乘客撤离，须在90秒内完成。

当飞机发生紧急情况，陆地撤离时，乘务员应迅速打开舱门。

（3）水上撤离滑梯作为救生浮艇的操作方法

飞机在水上迫降时，落水者可将充气滑梯作为救生浮艇使用，抓住浮艇两侧绳索，向安全地带划游求助。

①确认飞机在水上停稳。

②观察机外状况，判断水面状态并确认外界水位在机门下方。

③确认滑梯杆固定在飞机地板的支架上。

④将舱门手柄转到“开”位置。

⑤滑梯展开的同时自动充气。

⑥ 拉动“快速释放手柄”位于滑梯顶部。

⑦将滑梯翻过背面，作为救生浮艇使用。

⑧指挥乘客入水。

⑨检查客舱，确认没有乘客遗漏。

⑩组织营救落水者。

⑪到达安全区域后，指挥连接各条浮艇。

⑫使用救生设备和求救设备。

注意：水上撤离时当飞机在水上停稳后，机头高机尾低，2号门低于水面时，不能使用。

2. 非地板高度出口（机翼出口）

B737-800型飞机客舱中部两侧各有两个翼上紧急出口。一旦发生紧急情况，乘务员或援助者应立即打开翼上紧急出口，指挥乘客从翼上滑下，撤离飞机。

（1）陆地撤离翼上出口操作方法

从内部打开机翼出口后，操作方法如下：

①用力向下并向内拉红色操作手柄。

②机翼出口自动向外、向上方弹出。

③判断外部情况并组织乘客撤离。

图 4－31　内部打开机翼出口

④从外部打开机翼出口。按压位于机翼出口玻璃窗上方的推板。舱门自动向外、向上方打开。

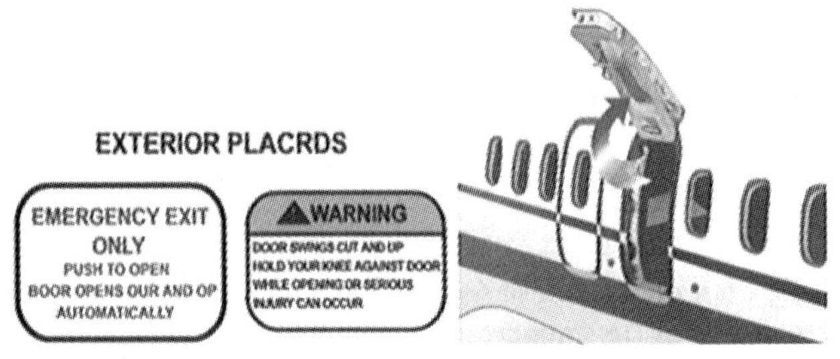

图 4－32　外部打开机翼出口示意图

（2）水上撤离翼上出口操作方法

①用力向下并向内拉动应急窗红色操作手柄。

②舱门自动向外、向上方弹出。

③判断外部情况并组织乘客撤离。

④提醒乘客将救生衣充气，从翼上出口脱出，滑到海面上后再爬上救生船。

二、A320 型飞机地板高度出口和非地板高度出口

A320 型飞机 I 型舱门有两种型号的滑梯：一种属于单功能撤离滑梯；另一种是具有双功能滑梯，既可作为撤离滑梯又可作为救生船。滑梯/救

生船的载客量为44～55人。

图4-33　滑梯

1. 地板高度出口

（1）陆地撤离舱门出口滑梯充气操作方法

①确认分离器在“预位”状态。

②观察机外状况。

③将舱门手柄向上提至开位置。

④滑梯展开同时自动充气。

⑤拉动红色“人工充气手柄”，位于滑梯顶部右侧。

⑥确认滑梯充气状况。

⑦如果滑梯充气失败或漏气，可以当作软梯使用。

注意：指挥乘客撤离，须在90秒内完毕。

（2）水上撤离舱门出口救生船操作方法

飞行在水上迫降时，落水者可利用充气滑梯作为救生船使用。

①确认飞机在水上停稳。

②观察机外状况，判断水面状态，并确认外界水位在机门下方。

③确认分离器在“预位”状态。

④将舱门手柄向上提至“开”位置。

⑤舱门出口救生船展开并自动充气。

⑥指挥乘客将救生衣充气后上船，低姿势爬行，面对面坐好。

⑦检查客舱，确认没有乘客遗漏。

⑧拉动“快速释放手柄”，位于滑梯顶部。

⑨组织营救落水者。

⑩到达安全区域后，指挥连接各条浮艇。

⑪使用救生设备和求救设备。

注意：救生船与机体分离，将滑梯顶部梯带杆的盖布拉开。拉动快速释放手柄，如滑梯仍未脱落，人工解开搭扣。用安全刀切断连接绳。

图 4—34　救生船

2. 非地板高度出口

A320 型飞机客舱中部两侧各有两个翼上紧急出口。机翼滑梯安装在机身侧面，是向飞机尾部展开的双通道滑梯，不能作救生船使用，只为乘客和乘务员在紧急情况下陆地撤离时使用。

（1）陆地撤离翼上出口开启操作方法

①紧急开启翼上出口舱门。

②取下手柄盖。

③滑梯预位指示灯亮。

④向下拉操作手柄。

⑤抓住底部扶手移开紧急出口，扔出机外。

①

②

③

图 4-35　翼上出口操作示意图

（2）陆地撤离翼上滑梯充气操作方法

陆地撤离时打开翼上出口，滑梯将自动充气，充气时间约 3 秒。滑梯撤离能力设计为每分钟 60 人次。

若滑梯自动充气失效，可拉动安装在翼上出口窗框内的红色“人工充气手柄”充气。

(3) 陆地撤离翼上滑梯损坏后的使用方法

当机翼滑梯被损坏而漏气时，仍可以作为撤离通道使用。

①寻找身体健壮的乘客协助，并找出滑梯的挂钩。

②把挂钩挂到机翼表面的圆环上。

③在滑梯下抓住拉手。

④乘客通过机翼滑梯撤离。

(4) 水上撤离翼上出口逃离绳

翼上出口逃离绳共有四根，位于翼上出口。水上迫降或陆地迫降遇有大风时，可将机翼门框上角的逃离绳挂到机翼表面的挂钩上，以便保护撤离旅客。

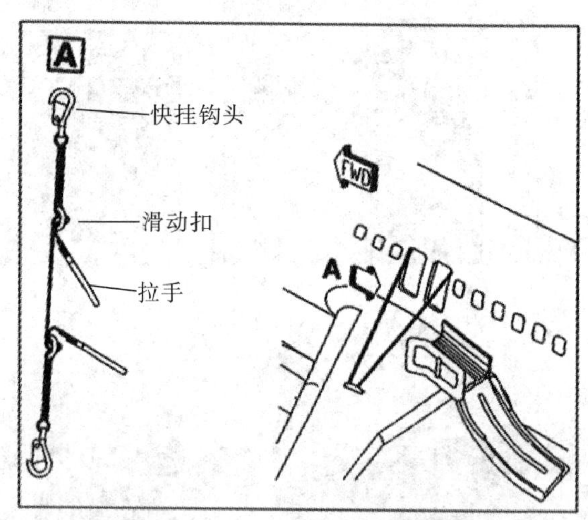

图 4-36　逃离绳示意图

水上撤离翼上出口的方法如下：

①打开翼上出口。

②拉出 W/L 和 W/R 出口上方的逃离绳，将其扣在机翼表面的圆环上。

③取出备份救生船，将连接绳扣在安全带或逃离绳上。

④将救生船推入水中。

⑤待救生船浮出水面后，用力拉动充气绳，使救生船充气。

⑥指挥乘客将救生衣充气，下水后拉住连接绳上船。

⑦切断船与机体的连接。

⑧指挥乘客将救生船划离飞机，营救落水者，到达安全区域后连接各船，使用求救设备。

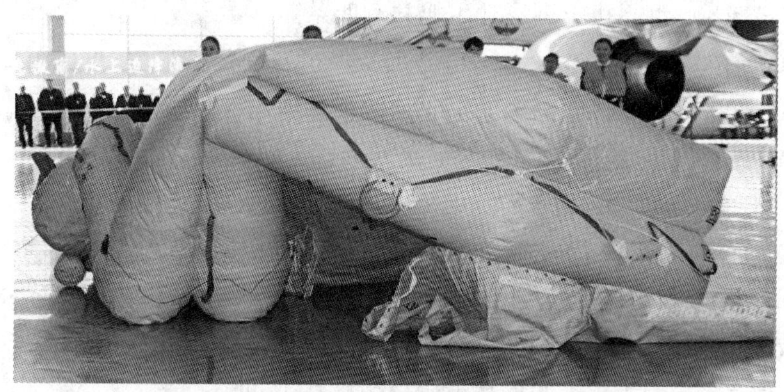

图 4－37　A320 型飞机的救生船和备份救生衣

练习题：

1. B737-800 型飞机各有多少个地板高度出口和非地板高度出口？

2. 舱门滑梯“人工充气手柄”位于滑梯的什么位置？一旦滑梯充气失败或漏气应如何处理？

3. B737-800 型飞机舱门滑梯自动充气的时间是多少秒？

4. B737-800 型飞机水上撤离后如何操作浮艇？

5. 打开 B737-800 型飞机翼上出口的方法是什么？

6. 请写出 B737-800 型飞机水上撤离在翼上出口操作救生船的程序。

7. A320 型飞机Ⅰ型舱门滑梯可以作救生船使用，每条滑梯/救生船的载客量是多少人？

第十节　圆形救生船

一、B737-800 型飞机圆形救生船数据

（1）数量

B737-800 型飞机上圆形救生船共有四条。

（2）位置

B737-800 型飞机上圆形救生船的位置详情如下。

1 号船：F 舱顶部。

2 号船：4 排 DEF 行李架内。

3 号船：11 排 DEF 行李架内。

4 号船：13 排 ABC 行李架内。

（3）重量

B737-800 型飞机上圆形救生船的重量是 46.35 千克。

（4）充气时间

B737-800 型飞机上圆形救生船的充气时间为 30 秒。

（5）载客量

B737-800 型飞机上圆形救生船可载 46～69 人/船。

图 4－38　圆形救生船

三、圆形救生船设备及其使用方法

圆形救生船由双层组成，每一层均有一套设备。

1. 软梯和绳状的梯子把手

落水者可抓住软梯，攀登上船。

2. 救生绳（救生绳长度大约 20 米）

乘务员将救生绳抛出，让落水者抓住橡皮圈的一端爬上船。如果落水者已失去知觉，乘务员可将橡皮圈套在自己的大臂处，入水将落水者营救上船。

3. 海水电池（蓝色）

海水电池遇水后会发生化学反应，可以为救生船的定位灯提供电能。

4. 定位灯

定位灯遇水后会自动发光，海上迫降后能显示救生船的位置。

5. 海锚（长度为 20 米）

海锚能使救生船划到安全区，迎风方向把海锚抛到水中，可稳定救生船。

6. 弹簧式刀子

弹簧式开关的刀子可用于割断船与机体连接线。

7. 充气孔

充气孔是在给船体充气时使用。

8. 中央仓库

中央仓库由两条拉链封住，内有圆形救生船使用说明书、救命包、打气筒、天棚、天棚支柱等物品。

9. 天棚（橘黄色并带有窗户）

挡风、遮雨、防寒、避晒，还可作为求救信号使用。

10. 天棚支柱（12 根）

用于加宽船内空间，其中四根红色支柱用于船中央，将两根拧在一起成为一根，固定在船中央特定的两个插孔内。其余八根白色的用于船的边缘，带有橡胶皮和绳子的一端为上方，带有卡子或卡锁的另一端为下方，使用时从下向上穿。天棚支好后，将天棚边缘松紧带卡住救生船两层的中间。

注意：系扣时要系活扣，在上风侧支天棚。

11. 天棚窗口

在天棚上有两个相对应的三角形窗口，为了防止大风、大浪进入救生船内，可拉动拉锁，随时打开或关闭。

天棚窗口的作用是救人的出入口、通风换气、对外发送求助信号。

12. 内、外救助绳（白色）

救生船的内沿和外沿周围备有白色的救助绳，可救落水者时使用或在船内起到辅助手柄的作用。

三、圆形救生船的使用方法

圆形救生船的使用方法，详情如下：

①取出救生船，搬到撤离出口。

②拉动开启船外包装封口绳子。

③打开外包装后，可以看到绳子第一节有一个钩子，用来钩住机门把手或座椅安全带，起到固定船的作用。绳子第二节可以看到一个 D 形环，用于圆形船充气手柄，使用时将船抛出远离飞机 4 米以外，拉动 D 形环人工充气手柄，可在 30 秒内完成充气。

注意：打开船的外包装封口，必须搬到撤离出口处再打开。一根绳子三用，即打开船的包裹绳、船的充气绳、船与船的连接绳。因此，打开包裹时要轻轻打开，不要用力过猛。救命包在救生和求救时使用。救命包被多层真空包装，1～ 3 小时不易浸湿。船的地板上有很多英文字母、数码、点状符号等，每一项都代表着不同的求救信号。乘务员可以根据当时具体情况，利用手电筒和反光镜发射信号，如“三短、三长、三短”就表示 SOS。

练习题：

1. B737-800 型飞机圆形救生船的重量是多少千克？充气时间是多少秒？

2. B737-800 型飞机圆形救生船载客量是多少人？

3. 如何使用圆形救生船上的救生绳？

4. 如何操作使用救生船上的海锚？

5. 救生船上天棚的作用是什么？

6. 请列举出救生船内的 5 种设备。

7. 如何使用圆形船？它的操作程序是什么？

8. 圆形救生船中央地板上有很多英文字母、数码、点状符号，其中代表 SOS 的信号是什么？

第十一节　救命包

每条圆形救生船中央都备有一个救命包，一旦水上迫降成功，撤离后应立即启用救命包里的物品开展自救。

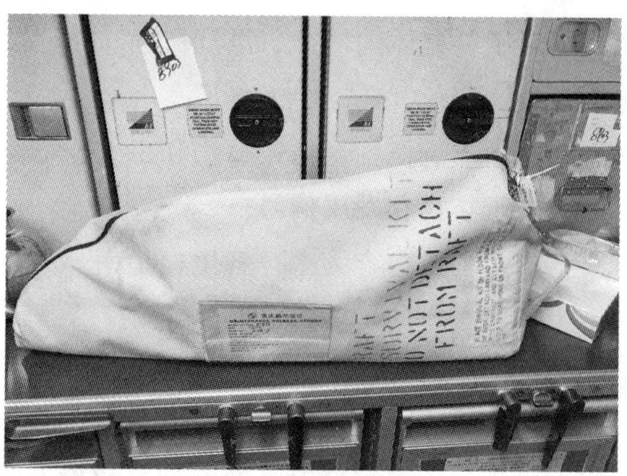

图 4－39　救命包

一、认识救命包内物品

救命包内的物品，详情如下：

①反光镜共 1 块，用于反射阳光和月光，发出求救信号。

②信号筒。可用于向外界发出信号，在需要救助时使用。

③安全灯棒共 4 个，用于标示船的位置，颜色为翠绿色。

④海水着色剂共 1 块，用于改变海水的颜色，发出求救信号。

⑤海水手电筒共 2 个，用于照明和发出求救信号。

⑥修补夹钳共 2 个，用于修补船上的破洞。

⑦海水脱盐器。用于存放海水，放入药片净化海水，1 小时后可以饮用。

⑧多功能刀共 1 把。

⑨手动气泵用于给救生船充气。

⑩水桶、海绵可用于装淡水和清除船内的积水。

⑪晕船药共 1 瓶，用于晕船时服用，每瓶 100 片，使用说明见瓶体。

⑫消毒绷带包共 1 包，用于外伤包扎。

⑬净化水药片/水淡化药片共 1 瓶，用于对海水的淡化，使用说明见瓶体，每瓶 50 片。

⑭饮用水有 8 袋饮用水。

⑮碘酒擦共 1 盒，用于外伤。

⑯蔗糖共 2 条，用于补充体内糖分，滋润口腔。

⑰唇膏可防止唇裂。

⑱烫伤膏共 6 支，用于烧伤、灼伤、擦伤和虫咬。

⑲口哨共 1 个，用于集合和发出信号。

⑳救生手册共 1 本，主要内容为幸存者生存指南。

二、设备使用方法

1. 反光镜

反光镜的使用方法是使用者将反射光源照到参照物上，通过视窗孔可看到小白亮点。慢慢地将小白亮点向目标移动。通过视窗孔，使小白亮点与目标重叠。

注意：在晴朗的天气下，用于反射出日光和月光。距离近时不要再向目标反射光源，反光镜的反射距离为 14 千米。将反光镜的带子套在脖子上，可防脱落。

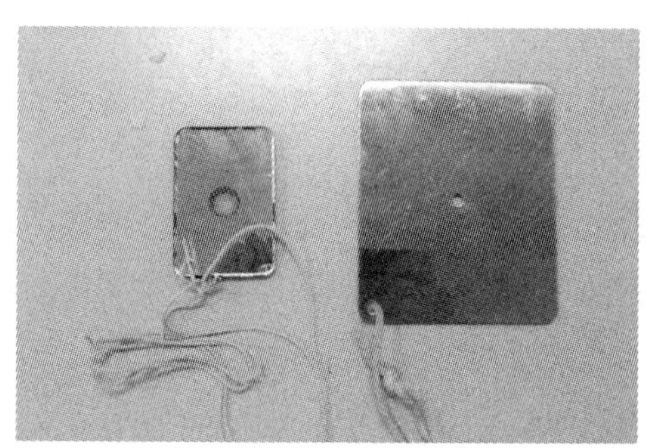

图 4-40　反光镜

2. 信号筒

信号筒是在向外界发出求救信号时使用。白天使用橘黄色平滑的一端，可发出橘黄色烟雾；夜晚使用红色盖子上有三个凸起的一端，可发出红色火光。

信号筒使用方法为使用者拉动某一端触发器或 D 形金属环开关。使用者需站在风下将信号筒侧举过头顶，信号筒的使用时间为 20～30 秒。

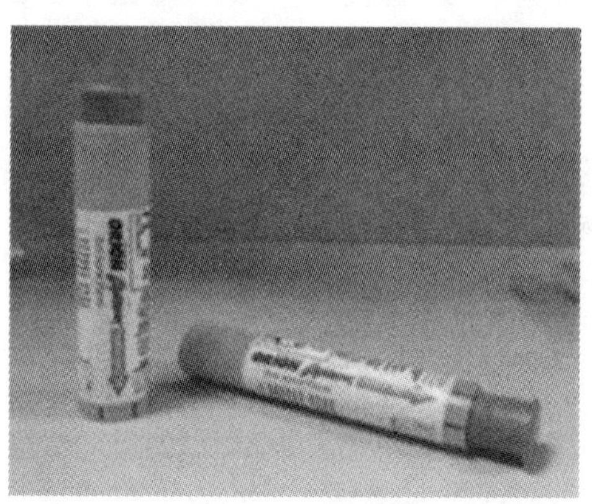

图 4-41　信号筒

注意：操作时使用者最好戴上手套，信号筒应放在船外使用。拉 D 形环时，要用力、快速。放在下风侧，信号筒与水平方向成 45 度角；一侧用完后，用水熄灭，另一侧可继续使用。

3. 安全灯棒

安全灯棒适于夜晚使用，使用方法如下。

①从中间弯曲。

②轻轻摇晃。

③使用时间为 12 小时，注意不要折断。

4. 海水着色剂

用于使船周围的海水变色，向外发出信号，使用方法如下。

打开包装，将染料撒在船的周围，染料在水中散发绿色的荧光，可保持 45 分钟。海水着色剂应在白天无风无浪时使用，使用时间可持续 2～3 小时。

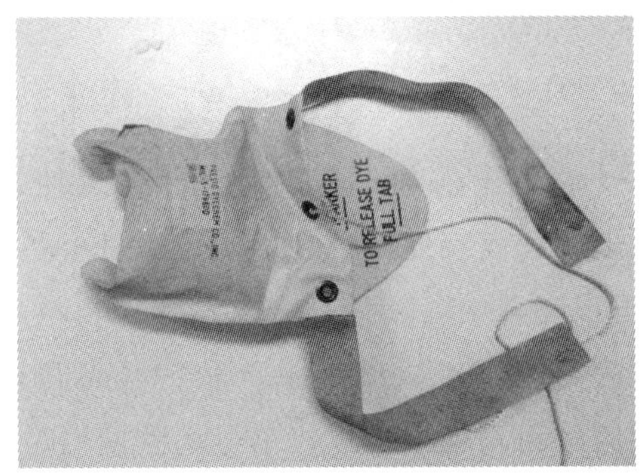

图 4-42 海水着色剂

5. 海水手电筒

海水手电筒的使用方法要先打开封盖灌入海水或盐水，当海水手电筒的光减弱时，继续加入海水或盐水，就可以继续使用。

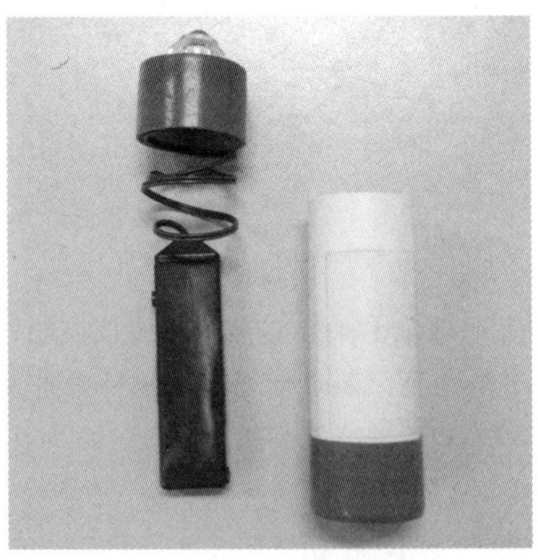

图 4-43 海水手电筒

6. 修补夹钳

修补夹钳用于修补救生船、救生衣、水桶，使用方法如下。

①松开螺栓分离夹子。

②将手穿入线绳上的布环内。

③将密封盖插入船的破洞。

④将另一个铁盖盖在密封盖上，并将螺栓拧紧。

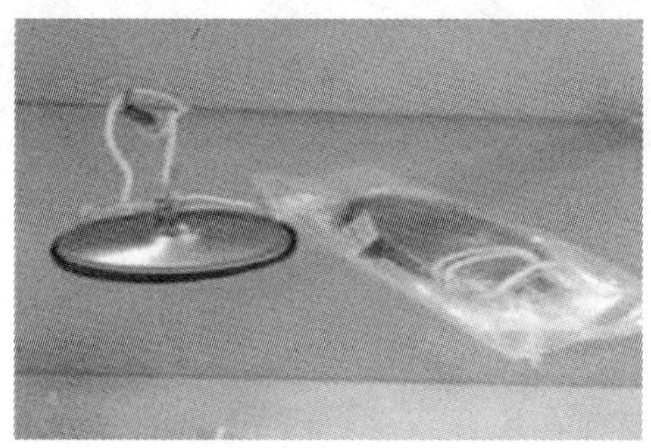

图 4－44 修补夹钳

7. 海水脱盐器

一个海水脱盐器内有一个塑料袋和六包药。往塑料袋中装入海水，放入一片药，轻轻摇晃搅动，一小时后可以饮用。

图 4－45 海水脱盐器

8. 多功能刀

多功能刀可作为一般小刀使用。

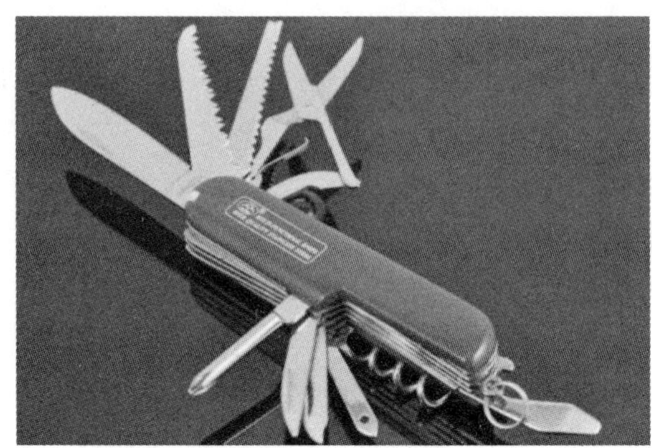

图 4－46　多功能刀

9. 手动气泵

手动气泵用于救生船充气，使用时不要解开连接绳，使用方法如下。

①打开充气/放气活门。

②将手动气泵拧入。

③重复压/放手动气泵的风箱。

④将手动气泵从充气/放气活门处移开。

⑤确认充气/放气活门重新关上。

图 4－47　手动气泵

10. 水桶、海绵

用水桶和海绵可将救生船中的水舀出。

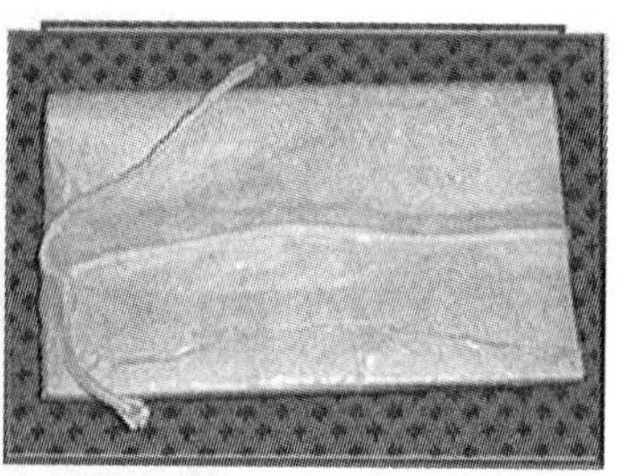

图 4－48　水桶和海绵示意图

11. 晕船药

晕船药用于海上晕船的患者，使用方法和用量如下。

成人：间隔 4～6 小时，每次 1～2 片，24 小时内不能超过 8 片。

儿童（6～12 岁）：间隔 6～8 小时，每次 1/4～1/2 片。

12. 绷带和胶布

绷带和胶布可用于包扎撤离时摔伤、撞伤患者等。

图 4－49　胶布

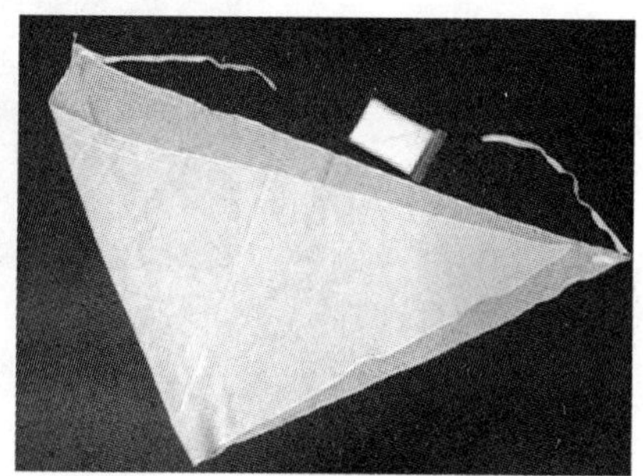

图 4－50　绷带

13. 净化水药片

净化水药片的使用方法如下。

①正常情况下以 1 升水为单位，放入 1 片，10 分钟后经过沉淀后可以饮用。

②非正常情况下，水很凉或很脏，放入 2 片，20 分钟后经过沉淀后可以饮用。

③每一瓶容量 50 片。

注意：净化水药片只能净化淡水，无脱盐功能，不可直接吞服。

图 4－51　净化水药片示意图

14. 饮用水

每个救命包内有 8 袋饮用水，应注意保存，必要时使用。

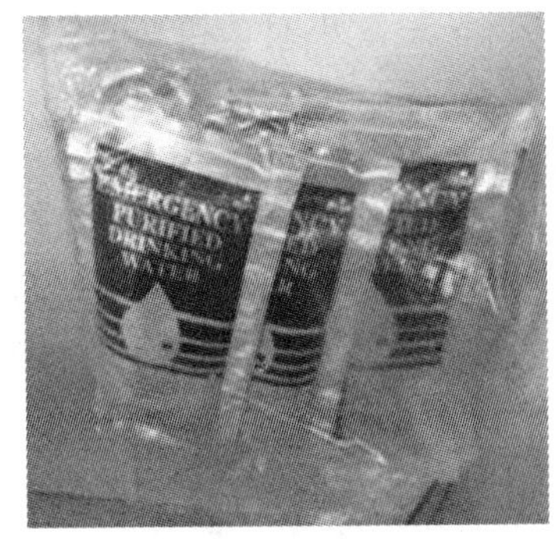

图 4－52　软包装用水

15. 碘酒

使用碘酒时拔下纸套，挤捏瓶体，可用于伤口消毒。

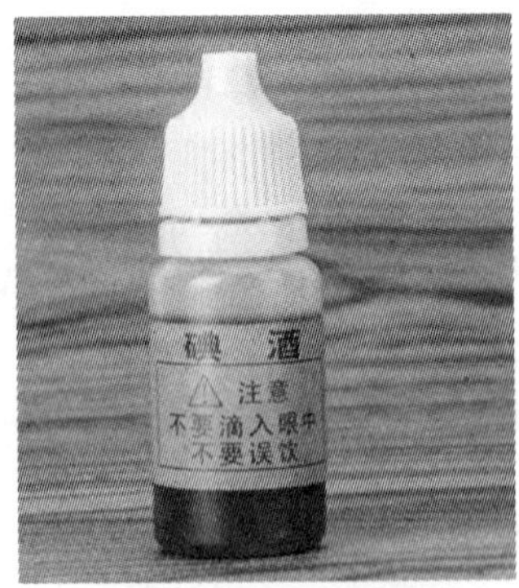

图 4－53　碘酒

16. 蔗糖使用

蔗糖可用于低血糖患者。

图 4—54 蔗糖

练习题：

1. 救命包储藏在飞机何处？
2. 反光镜在什么天气下可以使用？反射的距离是多少？
3. 请描述使用信号筒的方法和注意事项。
4. 净化水药片每瓶含多少片？
5. 安全灯棒的使用的时间是多少小时？使用时应注意什么？
6. 海水着色剂的作用是什么？在海面上可保持多少小时？
7. 当海水手电筒光线减弱时应如何处理？
8. 修补夹钳的作用是什么？

附录：思考与分析

一、根据飞机着陆情况选择应急出口

紧急着陆时要根据机长指示和周围环境以及飞机着陆（水）的姿态，决定哪些出口可以使用，哪些出口不可以使用。

1. 正常陆地迫降

所有出口都可使用，但必须具备以下条件。

①飞机在陆地迫降后机身没有断裂。

②发动机没有起火。

③周围环境不影响机上人员撤离。

④机上所有出口都可以正常打开。

2. 前轮和主轮全部折断时

①机翼出口不能使用，因为发动机触地可能引起火灾。

②前轮折断但所有出口均可使用，仍要看后机门距离地面的高度。如果滑梯与地面距离过大，则不能使用。

3. 飞机尾部拖地

所有出口均可使用，但要看前机门距离地面的高度。若滑梯能与地面接触则可以使用。

4. 飞机侧伏

靠地面一侧的机翼出口不能使用，因为主轮一侧被折断后发动机可能触地，容易引起火灾。

二、在乘客登机前应检查应急设备

乘务员登机后对照《应急检查单》检查、核实应急设备的位置，确认其是否处于待用状态。

①急救箱/应急医疗箱铅封完好。

②灭火瓶处于待用状态。

③氧气瓶压力指针在 1800 磅/平方英寸，面罩齐全。

④洗手间烟雾探测器电源指示灯亮。

⑤手电筒灯 3～5 秒闪亮一次。

⑥安全演示包内物品齐全并放在规定位置。

⑦安全须知卡、出口座位须知卡放在指定的位置。

⑧救生衣包装完好并放在规定的位置。

⑨出口机舱门状况良好、正常。

⑩话筒工作正常。

⑪防烟面罩铅封完好。

⑫广播、内话系统工作正常。

⑬客舱灯光工作正常。

⑭应急灯处于待用状态，应急灯连续 2～3 秒不亮，则不能运行。

第五章　常见故障

第一节　设备故障

一、开启锁着的厕所门

使用下列步骤，开启、移开或搬走厕所门。

1. 折叠门

(1) 开启

用一小片硬物将OCCUPIED（有人）指示器调至VACANT（无人）。往里推门，打开。

(2) 打开厕所门

①将门上下两个插销固定在门铰链一边。

②将上插销往下滑，将下插销往上滑使门脱离。

③将门的两边或者中部往里推，然后将门拉出。

2. 单一的实心门

用一小片硬物将OCCUPIED（有人）指示器调至VACANT（无人）。转动门把手，往外拉就能开门。或者转动门把手用力往外拉，使门锁松开。

二、乘务员座位发生故障

乘务员座位按规定都有一定的数量，若有故障：

①乘务长必须通知机长。

②乘务员座位数量必须大于或与《最低设备清单》所提供的必需品数

量相一致。

③损坏的乘务员座位不能安排人员就座。

④没有座位的乘务员应被安排在离他/她负责的出口最近的旅客座位上，撤离时该乘务员的职责不变。

⑤供乘务员就座的旅客座位必须注明“仅限乘务员使用”字样。

⑥已损坏的乘务员座椅应固定在正常收上位或拆去。

⑦必须在《飞机技术记录本》上记录该故障。

三、机门故障

如果机门发生故障：

①乘务长必须通知机长根据《最低设备清单》限制旅客数量。旅客登机时不能使用有故障的门。

②在门的明显处标上“此门故障”。

③告知此门附近的旅客使用其他机门。

④如果发生紧急情况，乘务员必须留守此门并告诉旅客使用其他机门撤离。

⑤必须在《飞机技术记录本》上记录该故障。

四、餐车故障

如果餐车发生故障：

①填写餐车故障单并粘贴于餐车门上。

②在《乘务日志》中填写该故障并报餐车管理部门维修。

五、烤箱、冷藏箱故障

如果烤箱、冷藏箱发生故障：在CLB上填写该故障部件的具体编号。

第二节　系统故障

一、内话机系统故障

如果驾驶舱/客舱内话机出现故障，（主任）乘务长必须马上通知机长使用另一种通信的途径。解决方案是使用 PA 系统联络，建立驾驶舱/客舱的特定联络方案。

二、客舱中“系好安全带”“请勿吸烟”指示信号失灵

如果“系好安全带”“请勿吸烟”指示信号失灵，乘务长必须通知机长，并在必要时加以广播；确保每一名乘客都能得到乘务员口头的提醒：“系好安全带”“请勿吸烟”。

三、客舱广播系统故障

如果客舱广播系统失灵，乘务长必须通知机长制订与乘客联络的方案，并考虑旅客的座位安排和操作上的需要。解决方案是乘务员使用麦克风分别向每个乘客说明广播内容或将乘客分组后向每组乘客说明广播内容。

四、预录系统故障

如果客舱内预录系统出现故障，乘务长必须：

（1）立即通知机长，紧急情况下机长广播词由机长通过 PA 系统直接广播。

（2）负责应急情况的广播及特殊情况的广播。

（3）及时通知机上广播员，做好非正常情况下的广播。